Claudius Seidl Hg.

Der kleine Meinungsführer

Claudius Seidl Hg.

Der kleine Meinungsführer

60mal Pro und Contra zu den wirklich wichtigen Dingen im Leben

Frankfurter Allgemeine Buch
IM F.A.Z.-INSTITUT

Bibliografische Information Der Deutschen Bibliothek –
Die Deutsche Bibliothek verzeichnet diese Publikation in der
Deutschen Nationalbiografie; detailliertere bibliografische
Daten sind im Internet über http://dnb.ddb.de abrufbar.

Claudius Seidl Hg.

Der kleine Meinungsführer

60mal Pro und Contra zu den wirklich
wichtigen Dingen im Leben

F.A.Z.-Institut für Management-,
Markt- und Medieninformationen GmbH
Frankfurt am Main 2004

ISBN 3-89981-043-0

Frankfurter Allgemeine Buch
IM F.A.Z.-INSTITUT

Umschlagbild Kat Menschik
Zeichnungen Kat Menschik
Umschlaggestaltung Rodolfo Fischer Lückert
Satz Umschlag F.A.Z.-Marketing/Grafik
Buchgestaltung Rodolfo Fischer Lückert
Druck Druckerei Steinmeier, Nördlingen
Bindung Oldenbourg Buchmanufaktur, Monheim

Printed in Germany

Inhalt

Vorwort

Mit dem Streit hat alles angefangen: die Menschwerdung des Affen, die Erfindung der Sprache, die Geschichte unserer Kultur. Wären unsere Vorfahren sich immer einig gewesen, dann schaukelten wir heute noch in den Wipfeln der Bäume und teilten einander nur durch ein sattes Grunzen mit, daß die Bananen auch diesmal wieder genießbar waren.

Erst als sie ihre ersten Meinungsverschiedenheiten entdeckten – ob es sich lohne, nur zum Beispiel, das Rad zu erfinden, oder ob der Fortschritt des Teufels sei, erst damals waren sie gezwungen, präzise Begriffe zu entwickeln, ein Argument genau durchzudenken und auf den Gebrauch der Fäuste zu verzichten.

Es wird, im Deutschland der Gegenwart, viel zu wenig gestritten; und wenn doch, dann geht es immer gleich zur Person: Wir sind, erstens, im Prinzip, einer Meinung. Und zweitens bin ich aber beleidigt, weil du mich persönlich angegriffen hast: So funktionieren die deutschen Debatten – und insofern brauchen wir uns nicht zu wundern über Pisa und einen gefährlichen Mangel an Nobelpreisträgern. Aus deutschen Debatten kommt man meistens dümmer heraus, als man hineingegangen ist.

Dieses Buch ist das beste Gegengift. Es geht nie zur Person – und immer hart zur Sache. Es gibt nichts und niemanden, der verschont wird. Jeder Mensch und jeder Tatbestand hat das Recht, zum Gegenstand eines Streits zu werden. Und angesichts komplexer Sachverhalte dann zu sagen: »Hmm, das Thema erfordert eine differenzierte Betrachtung«, ist nichts als Feigheit vor der Wirklichkeit. Auch die Angelegenheiten der Bundesrepublik Deutschland sind komplex und können differenziert betrachtet werden. Und trotzdem kommt irgendwann der Moment, in dem man vor der

Entscheidung steht, ob man den Bundeskanzler wiederwählen will. Oder eben nicht.

Konsens und Kompromisse gibt es genug – und wenn so ein Konsens etwas taugen soll, muß man sich vorher heftig gestritten haben. Und wenn einer meint, er habe absolut keine Meinung zu einem Thema, dann kann er hier lernen, daß man ruhig mal eine Meinung anprobieren kann, so wie man einen Anzug anprobiert. Meistens paßt es dann doch.

Dieses Buch ist bitter notwendig: Es behebt den Meinungsbildungsnotstand.

Claudius Seidl

Ist Freizeit noch zeitgemäß?

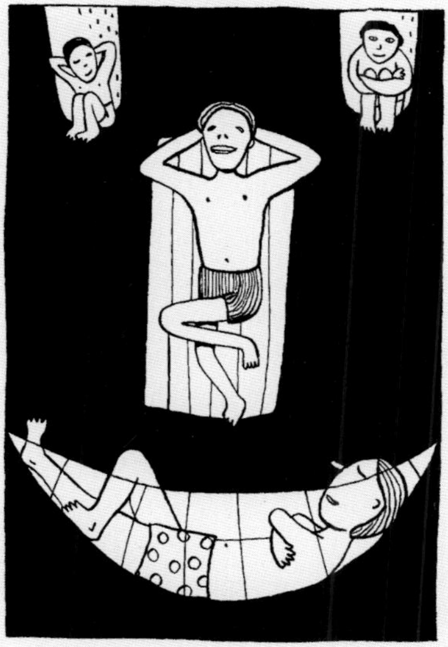

PRO

Ich leiste mir das

Johanna Adorján

Gestern zum Beispiel. Gleich nach dem Aufstehen mußte ich schrecklich hetzen, um es noch vor Ladenschluß in den Schuhladen zu schaffen, in dem ich mit meiner Freundin verabredet war. Bis ich den Jaguar in der Tiefgarage geparkt hatte, war es schon fast 16 Uhr, das Glas Champagner, das sie einem dort zur Begrüßung in die Hand drücken, mußte ich echt runterkippen, und dann habe ich nur noch zwei Paar Slingpumps kaufen können, für mehr hat die Zeit nicht gereicht. Dann mußten wir rennen – wir hatten ja diesen Termin in dem neuen Spa um die Ecke. Begrüßungscocktail (non alcoholic), Fußreflexzonenmassage, Maniküre, Dampfbad – ich war fix und fertig, als wir durch waren. Yoga mußte ich dann ausfallen lassen, sonst hätte ich mich vor dem Dinner gar nicht mehr umziehen können. Also kurz nach Hause, schnell andere Kleider gesucht, doch lieber neuen Nagellack aufgetragen, bis der trocken war kurz das Handy aufgeladen, geguckt, ob der süße Nachbar wieder nack durch sein Wohnzimmer rennt (tat er nicht), drei Minuten Gurkenmaske, und wieder los. Im Restaurant dann totaler Streß, weil die uns den falschen Tisch reserviert hatten. Bis wir den gekriegt haben, den wir immer haben (auf der Empore), bescheuert an der Bar rumgestanden und Champagner getrunken. Nach dem Essen dann auf drei Parties gewesen, alle total voll, aber keiner war da. Dann alle zu diesem Typen, dessen Namen ich nicht weiß, und der irgendwas zu feiern hatte, da war's dann aber auch schon wieder hell. Auf dem Rückweg irgendwo die Sonnenbrille verloren, total genervt gewesen, kurz hingelegt, und jetzt muß ich schon wieder hetzen, um 19 Uhr geht der Flug nach Nizza. Ach, hätt' ich doch mal ein bißchen Zeit für mich.

CONTRA

Ich leiste was

Claudius Seidl

Gestern war ein herrlicher Tag. Ich kam gegen halb sieben ins Büro, klingelte erst mal einen Geschäftspartner aus dem Bett, was der aber, hoffe ich, nicht so übelnahm, denn morgens, sage ich immer, ist der Kopf am frischesten, und dann habe ich erst mal aufgeräumt, mein Zimmer und das meines Nachbarn und das Sekretariat, schlimm, daß alle so schlampig sind, und gegen neun waren alle E-Mails beantwortet, und ich konnte richtig loslegen, erst mal eine Stunde lang Verbesserungsvorschläge an sämtliche Geschäftsführer schicken, tolle Sache, und nach dem zwölften Espresso mußte ich mich übergeben, auch gut, danach war der Magen schön leer, was einem ein richtig gutes Gefühl gibt, und am späten Nachmittag, als es still wurde in den Nachbarzimmern, fand ich endlich die Ruhe, über die großen Probleme unserer Firma nachzudenken, das sollte ich eigentlich häufiger tun, und als um neun Uhr abends das Reinigungspersonal anrückte, half ich, so zum körperlichen Ausgleich, ein bißchen mit, und dann ging es weiter, und daß ich gegen Mitternacht das Büro verließ, lag nur daran, daß der Mann vom Werkschutz stärker war als ich, und auf dem Nachhauseweg kam mir noch eine Idee, weshalb ich meinen Chef auf dem Mobiltelefon anrief, was der mit einem Knurren kommentierte, aber was soll's, er wird nichts dagegen haben, daß ich Einsatz bringe, und den Mann, der von mir einen Euro wollte, herrschte ich an, daß er vielleicht etwas tun könnte für mich, ein paar Kunststücke, auf den Händen laufen, irgendeine Leistung, schrie ich, und alle hörten mir zu, Leistung, ja, mehr Leistung, und den Polizisten, der mich abführte, lobte ich dafür, daß er so spät noch arbeitete, und mit dem Arzt in der Klinik verstehe ich mich auch sehr gut.

Dürfen wir Deutschland noch zur Ersten Welt zählen?

PRO

Gut, daß wir vergleichen

Nils Minkmar

Mit dem schönen, weißen ICE gleite ich auf die Minute pünktlich in den Berliner Ostbahnhof, eile durch die warme, helle Halle zum Stand der friedlich surrenden Taxiflotte und bin schon wenige Augenblicke später in der behaglichen Wärme meiner Wohnung. Das alles ist an diesem Abend keine Selbstverständlichkeit mehr für mich, denn ich bin soeben aus London zurückgekehrt. Ich sah Menschen, die darum bangen mußten, gesund zur Arbeit zu kommen und zurück, denen ihr hart erarbeitetes Geld zwischen den Fingern zerrann, wartete vergeblich auf Züge, die laut amtlicher Durchsage »zwischen den Bahnhöfen verschwunden« waren, und beobachtete den verzweifelten Versuch der Jugend, durch auffällige Kleidung dem sicheren Verkehrstod durch volltrunkene Autofahrer im Nebel zu entkommen. Selbst Einheimische gewöhnen sich nie an die mörderische Qualität der Lebensmittel und fritieren in grimmiger Erstschlagslogik erst mal alles zu Tode, was sie in den Mund zu nehmen beabsichtigen, und das ist auch besser so. Die Hotels sind betrügerische und feuergefährliche Attrappen, allein schon, daß man die Nacht überlebt, sorgt für Dankbarkeit am Morgen. Wie in Jordanien oder Zimbabwe sind auch hier Presse und Fernsehen übervoll mit Abbildern und Anekdoten der herrschenden Clique, der Windsors und Beckhams, deren Herrschaft kein Wahlgang bedroht. Die Pakistanis, die nach England einwandern, gehören in ihrer Heimat zu einer Minderheit unverbesserlicher Nostalgiker, denen Karachi zu urban, pluralistisch und seelenlos effizient geworden ist. In Berlin würde es ihnen nicht gefallen: Statt der altmodischen englischen Begrüßung durch eine Polizeihundestaffel wartet hier Hans-Olaf Henkel mit der Greencard.

CONTRA

Schlecht, wie wir abschneiden

Claudius Seidl

Der einzige Grund, weshalb man unser kleines Land nicht zu den Schwellenländern zählen sollte, ist der, daß der Begriff eigentlich die Schwelle meint, über welche man hineintritt in die Erste Welt, und nicht die, über welche man hinausgeschmissen wird. Wer je in unserer Hauptstadt war und dort, nur zum Beispiel, über den Alexanderplatz gegangen ist: Den kann auch Pjöngjang nicht mehr schrecken. Und unsere Regierungsbauten, wie sie im Niemandsland jenseits des Brandenburger Tores stehen, erinnern weltläufige Besucher immer wieder an jenes westafrikanische Land, dessen Diktator einst beschloß, den Regierungssitz in sein Heimatdorf zu verlegen, weshalb jetzt die Einschüchterungsbauten mitten in der Savanne stehen, zum Erstaunen der Affen. Affen gibt's in unseren Regierungsbauten natürlich nicht; und unser politisches Personal unterscheidet sich von den Herrschern und deren Lakaien in der Dritten Welt vor allem dadurch, daß unseren Leuten der Hang zum Exaltierten fehlt, die Liebe zu Operettenuniformen und pompösen Herrschergeburtstagsfeiern; noch nicht mal eine anständige Verdammung des großen Satans Amerika kriegen unsere Leute hin, obwohl ihr Antiamerikanismus doch habituell zu sein scheint. Daß Deutschland zur Ersten Welt gehöre, war ein Mißverständnis, welches nur aus einem vorübergehenden Reichtum gespeist war. Wir hatten Geld – aber ob wir jemals eine Lebensart hatten, das ist doch sehr die Frage. Von der Antike bis weit in die Neuzeit hinein galten die Gegenden nördlich der Alpen und östlich des Rheins als höchstens halb zivilisiert. Heute sehen wir: Die Antike dauert an. Sollen wir uns jetzt in unsere Höhlen zurückziehen? Oder endlich mit der Völkerwanderung beginnen?

Brauchen wir Meinungen?

PRO

Ein Grund zum Meinen

Claudius Seidl

Einer ist keiner, heißt es in dem lustigen, unterschätzten Brecht-Stück »Mann ist Mann«, und über weniger als zweihundert brauche man gar nicht erst zu reden: »Eine Meinung kann natürlich jeder haben. Ein ruhiger Mann kann ruhig zwei bis drei Meinungen gleichzeitig haben.« Und genauso ist es: Wir brauchen noch viel mehr Meinungen, mehr Meinungsumfragen, mehr Meinung über Meinungsumfragen. Herr Wolfgang Thierse meint, Meinungsumfragen seien schädlich: Wo bleibt die Umfrage, was wir dazu meinen? Und warum fragt keiner nach, was der kleine Mann auf der Straße eigentlich zu Thierses Bart meint, zu seiner Frisur – und überhaupt? Nicht die Meinungen sind das Problem; das Problem sind jene, die sie abfragen: Was der Mensch so zum Bundeskanzler meint oder zum Kandidaten, das läßt sich doch nicht einfach in einer Skala von minus fünf bis plus fünf abbilden. Laßt tausend Meinungen blühen, und laßt euch von den Thomas Belluts dieser Welt nicht daran hindern! Was meinen Sie eigentlich zur Hartz-Kommission? Ich meine, daß Hartz der Agent einer außerirdischen Macht ist. Ich meine, Herr Hartz arbeitet zuviel und sollte mehr Zeit mit Frau und Kindern verbringen. So könnte es gehen, wenn wir uns was meinen dürften. Meinungsfreiheit heißt doch heute bloß: Der öffentliche Raum ist weitgehend frei von wirklich wilden und originellen Meinungen. Wenn wir erst mal richtig anfangen mit dem Meinen, dann kriegen die Meinungsforscher richtig was zu tun. Manche sagen jetzt, es gebe schon viel zuviel Meinung auf der Welt. Jeder Depp könne sich eine Meinung leisten, weil es Meinungen im Dutzend billiger gebe. Na und – ist das etwa keine Meinung? Und hat sie was gekostet?

CONTRA

War nicht so gemeint

Peter Körte

Man könnte fast Mitleid mit der Meinung haben, weil sie sich immer dann wie ein geprügelter Hund davonschleichen soll, wenn Philosophen wie Platon oder Hegel sprechen, die für die Meinung nicht viel übrig haben. Womöglich haben die Feinde der Meinung aber recht und hatten nur die falschen Gründe. Denn die Meinung neigt zur inflationären Verbreitung – ob man Zucker in den Kaffee streuen, Zierfische in öffentlichen Anlagen aussetzen, ein Stadtschloß in Berlin bauen soll, dazu kann jeder sich eine Meinung bilden, auch wenn er weder Kaffee trinkt noch Zierfische züchtet noch jemals in Berlin war. Das Problem mit der Meinung liegt darin, daß sie sich ständig ihrer selbst schämt: »Ich mein' ja nur«, sagt einer, oder: »War doch nicht so gemeint«. Da steht er dann, kann nicht anders, kann nicht mal das glauben, was er sagt. Es gibt sogar Zeitungen, die viel Mühe auf Kommentar und Analyse verwenden, um schließlich über die Seite einfach »Meinung« zu schreiben. Wenn Bundestagspräsident Wolfgang Thierse nun sagt, man solle doch im Wahlkampf lieber keine Meinungsumfragen durchführen, ist sein diffuses Unbehagen natürlich auch wieder nur eine Meinung, und vermutlich fiele Thierse am Ende auch nichts anderes ein, als eine Meinungsumfrage darüber durchführen zu lassen, ob man Meinungsumfragen vor der Wahl durchführen soll. Wer sich in die Meinung begibt, kommt nicht wieder aus ihr heraus, so sehr er sich auch winden und verrenken mag. Deshalb kreuzt man bei Fragen wie der, ob Schröder oder Stoiber mehr Arbeitsplätze schaffen, am besten das Kästchen »Keine Meinung« an. Das ist immerhin ein Anfang. Vielleicht probiert man es aber auch mal mit einer Haltung – zuviel Meinung verursacht nämlich Haltungsschäden.

Wollen wir England in der EU?

PRO

Come, but welcome!

Hannah Pilarczyk

Nach dem fünften Bier fühlte ich mich endlich wiedervereinigt. Da hatte der junge Liverpooler mir gerade gesagt, daß er etwas mit meiner Heimatstadt getan habe, das man wohl mit »die Scheiße aus Dresden herausbomben« übersetzen mußte. Ich weiß, ich hätte sagen sollen, daß er bestimmt noch keine einzige Bombe auf eine deutsche Innenstadt geworfen habe, daß der Zweite Weltkrieg schon eine Weile zurück läge und ich außerdem aus Hamburg käme. Doch es kam ganz anders. Eine Welle der Zärtlichkeit riß mich mit und brach über mir zusammen. Noch nie hatte ich mich Dresden so nahe gefühlt, noch nie hatte ich mich so als Opfer empfunden. Bombenalarm dröhnte plötzlich in meinen Ohren, und ich schmeckte Staub und Erde. Ich schloß die Augen und träumte vom Frieden. An dem Tag, an dem ich wieder durch meine blutende Stadt laufen konnte, sollte die Sonne scheinen. Ich würde mit einem Bollerwagen durch die Straßen ziehen und mein Geburtshaus suchen. Vor einem Trümmerhaufen würde ich zum Stehen kommen und doch jede Träne zurückhalten. Noch auf den Resten unserer Türschwelle würde ich Dresden schwören, ihm meine ganze Kraft, Hoffnung und meinen ersten Sohn zu schenken. Es war ein erhabenes Gefühl, es war Elysium. Als ich die Augen wieder öffnete, saß der junge Liverpooler immer noch neben mir. Er bewegte seine Lippen, doch ich hörte nicht, was er sagte. Wortlos stand ich auf und verließ die Kneipe. Mit dem Rücken an die Häuserwände gepreßt, schlich ich mich nach Hause. Noch in dieser Nacht bestellte ich mir fünf Benefiz-Uhren zum Wiederaufbau der Dresdner Frauenkirche mit Bruchstücken der Originalruine.

CONTRA

Thanks, but no thanks

Claudius Seidl

Auch ich habe mir jetzt eine Harrington-Jacke gekauft, in der ich aussehe wie ein echter Hooligan, und neuerdings versuche ich auch, mich so zu benehmen. Linksverkehr zum Beispiel macht besonders viel Spaß, wenn man in deutschen Städten mit dem Üben anfängt, und den Weicheiern von Bayern München muß man die britischen Fan-Sitten auch erst noch beibringen. Von britischen Hooligans kann man lernen, daß die Eroberung eines Weltreichs mit der Hoheit auf dem gegnerischen Fußballplatz beginnt, und von den besseren Leuten, daß es weder notwendig ist, eine Fremdsprache, noch gar die eigene Sprache verständlich zu sprechen. Britisches Englisch ist Amerikanisch mit hartem Akzent, Cockney klingt gut, ist aber noch weniger verständlich, und genauso mache ich es, als Gesinnungsbrite quasi, jetzt auch: Ich spreche nur deutsch, aber so, daß es nicht einmal ein Deutscher versteht. Zu dumm, daß ich die »Sun« nicht abonnieren kann; das wäre eine Zeitung nach meinem Geschmack, sie ist nur leider von vorne bis hinten auf englisch geschrieben. Humor, das haben mich meine Vorbilder von den Monty Pythons gelehrt, Humor ist es, wenn man die Hunde älterer Damen ermordet und darauf hofft, daß die Hundehalterin vor Schrecken an einem Herzinfarkt stirbt. Und wer Weltläufigkeit und politisches Bewußtsein zeigen will, nennt die Franzosen ausnahmsweise mal nicht einfach Froschfresser, sondern beschimpft deren Präsidenten lieber als abgewrackte alte Tunte. Von England lernen, heißt also: sich in jeder Lebenslage korrekt benehmen lernen. Und genau deshalb, aus Liebe zu England, bin ich dafür, daß Großbritannien draußen bleibt. There ain't no future in England's dreamin'.

Ist die Ehe noch zeitgemäß?

PRO

Ehe, wem Ehe gebührt

Claudius Seidl

Natürlich, die Welt ist voller Verführungen und Verlockungen – aber meistens sind es bloß die Bildschirme und die Leinwände und die Zeitungsseiten, und im sogenannten wirklichen Leben kennen wir eigentlich kaum jemanden, die Familie halt und die Kollegen; und wenn zwei, die im selben Büro miteinander arbeiten, dann auch noch eine Affaire haben, dann glauben sie vielleicht, daß das die Freiheit sei, aber in Wirklichkeit holen sie sich das Büro ins Bett, was die allerunerträglichste (und die allerunerotischste) Vorstellung ist. Nein, verheiratet sein und treu bleiben, das ist viel erstrebenswerter als schlechter Sex mit schlechtem Gewissen – und außerdem ist Ehebruch nur was für Penner und Versager. Wer etwas zu tun hat und ein bißchen was im Kopf: Der fliegt entweder gleich auf – oder er läßt es bleiben. Weil nämlich die Logistik des Fremdgehens in diesen Zeiten praktisch ein Vollzeitjob ist. Man braucht ja nicht bloß eine kleine Lüge. Man muß für die Zeit, da man untreu ist, ein paralleles Leben erfinden, eine ganze Geschichte, die plausibel klingt, allen Nachfragen standhält, man muß sich überlegen, warum das Mobiltelefon ausgeschaltet blieb und warum der Freund, mit dem man angeblich aus war, nichts davon weiß. Es ist so eine verdammt anspruchsvolle Aufgabe – und wenn Sie mich fragen: Ich schaffe das einfach nicht, ich habe viel zuviel zu tun, ich habe schon ohne diese komplizierten Lügen kaum noch den Überblick über meinen Terminkalender, und hätte ich ihn und ein bißchen Zeit, dann schriebe ich mit demselben Aufwand noch lieber einen Roman. Der handelte von der Liebe am Nachmittag, erzählte die Geschichte einer Verführung und hätte ein paar sehr erotische Szenen auf einem Schreibtisch.

CONTRA

Die Ehe ist nur ein Wort

Volker Weidermann

Was für ein lustiges Leben hätte Franz Kafka führen können, wenn er nicht diese fixe Idee mit dem Heiraten gehabt hätte. »Heiraten, eine Familie gründen, alle Kinder, welche kommen wollen, hinnehmen, in dieser unsichern Welt erhalten und gar noch ein wenig führen, ist meiner Überzeugung nach das Äußerste, das einem Menschen überhaupt gelingen kann«, schreibt er. Na, und da hat er natürlich recht. Vor allem die Sache mit den Kindern, die kommen wollen und so. Aber wenn dieses Äußerste eben eine zu große Sache ist, sollte man beizeiten sich neue Ziele suchen. Denn sonst geht die ganze Sache weiter und weiter. Verlobung, schön und gut, dann aber diese Heiratsanzeige im »Berliner Tageblatt«, der Schock dann, die Entlobung schnell, der Ärger der zu Unrecht eingeladenen Verwandten, die hohe Buffetrechnung für nichts und wieder nichts, die vergeblich angemietete Ehewohnung in Prag, die Peinlichkeit jedes Mal aufs neue, die Leute lachen schon, der Bräutigam, der sich nicht traut, heißt es, dann kommen diese Albträume, du wachst als ungeheures Ungeziefer auf, fühlst dich sehr schlecht, trittst aus dem Kreis deiner Familie gänzlich aus, gehst mit lauter Niemands ins Gebirge zum Spazieren, legst dich fast freiwillig in Strafkolonien unter monströse Folterinstrumente, suchst Schlösser, die beim besten Willen nicht zu finden sind, leidest unter unfaßbaren Lebensgesetzen, die nur für dich geschrieben wurden, verlobst dich wieder und entlobst dich schnell, ißt jeden abend Nüßchen nur und Feigen, während alle anderen Schweinebraten essen, bist nur beim Schreiben glücklich, reitest auf Pferden ohne Hals und ohne Kopf, und am Ende bist du tot. Und alles wegen dieser Heiratssache. Wir raten ab.

Ist Google das neue Orakel?

PRO

Googel dich selbst

Nils Minkmar

Eigentlich und wie so oft ist dieses »Pro« in gewisser Hinsicht auch ein »Contra«, denn natürlich ist Google viel treffender als das Orakel von Delphi, das ja mit seinen tückischen, aber immer lustigen Sprüchen gern mal seine Nutzer ins Verderben schickte, und zwar ganz ohne Dialer. Google – schon das Verb, »was googeln«, so lustig! – macht das Leben leichter. Es ist noch gar nicht so lange her, da waren die Karteikästensäle unserer Bibliotheken das einzige Tor zu entlegenen Informationen. Wer nicht gerade das Glück hatte, in Saarbrücken zu studieren, wo eine wunderschöne, helle, aber verträumte Universitätsbibliothek das Wissen der Welt verwaltete, konnte verzweifeln. Ein bestimmtes Zitat, einen Songtext, die Besetzung eines alten Films herauszufinden, das glich, in den Zeiten vor Google, der berühmten Pferdewettenszene der Marx Brothers, wo Chico dem ratlosen Groucho, der Informationen über die laufenden Pferde sucht, ein dickes Verzeichnisbuch nach dem anderen verkauft, weil im jeweils nächsten der Code fürs vorangegangene Verzeichnis steht – und dann doch bloß im nächsten Band. Der war dann immer ausgeliehen. Bibliotheksmitarbeiter fragen ging auch nicht, denn das waren die wichtigsten und ernsthaftesten Menschen des Universums, denen man jetzt nicht noch mit so was kommen konnte und gerade noch gefehlt hatte heute, im Semester oder in den Semesterferien. Google hat immer Zeit. Am schönsten ist aber, daß man sich Leute ergoogeln kann. Alte Schulfreunde oder Musiker, die man früher mal toll fand. Niemand geht mehr verloren. Und als Journalist lernt man – wie die Alten in Delphi – Demut und Selbsterkenntnis: Leser vergessen, Google nie! Gerade die schlechtesten Texte werden im Netz unsterblich.

CONTRA

Ich geb' mir die Google

Claudius Seidl

Was von Google wirklich zu halten ist, merkt man, wenn man »Effie Briest« eingibt oder »Dorian Grey« oder auch »Manhatten«. Zu jeder solchen Falschschreibung finden sich Zigtausende von Einträgen – und insofern braucht man nicht lange zu fragen, wie es dazu kommt, daß auch Zigtausende von Verschwörungstheoretikern und Tatsachenleugnern nur googeln müssen, um alles zu finden, was sie brauchen. Es sind keine Flugzeuge ins World Trade Center gestürzt: steht bei Google. George Bush hat die Türme selbst in die Luft gesprengt: steht bei Google. Usama Bin Ladin und Jacques Chirac sind ein und dieselbe Person: ganz klar, steht genau so im Internet. Google, die Suchmaschine, welche den Leuten längst das Konversationslexikon, den Duden, das Fremdwörterbuch und jeden Kontakt mit der physischen Wirklichkeit ersetzt, Google ist eine gewaltige Desinformationsmaschine, eine Erfindung, die letztlich aus den geheimen Laboratorien der CIA kommt, hinter welcher ja bekanntlich die Illuminaten stehen, und daß diese erst die Welt verdummen und dann beherrschen wollen, ist ja allgemein bekannt. Man braucht nur nach einem Anagramm von Google zu suchen, dann ist man gleich bei Elogog, und das klingt nicht nur wie der Name eines uralten sumerischen Dämons (an dessen Macht gewisse Freimaurerlogen noch immer glauben); es ist natürlich auch so ein Begriff, den man gleich bei Google eingeben muß. Man findet kabbalistische Seiten mit Anweisungen, welche Buchstaben man in welchen Texten auswechseln muß, um auf die verborgene Wahrheit zu stoßen, und man findet auch Einträge, aus denen man sofort zitieren muß: »Owu jeholu vi cifo I the feb ece-ke ke koqus uhaxaw alefo noj.« Das also war des Googles Kern.

Müssen wir Amerika lieben?

PRO

Wo die Liebe hinfällt

Harald Staun

Daß man sich mit Liebesbeweisen für Amerika zur Zeit etwas schwer tut, liegt nicht nur an der Frage, wie sympathisch einem der Amerikaner im allgemeinen und der oberste im speziellen ist. Problematisch ist eher, wie man diese Liebe zum Ausdruck bringt. Die Liebe eines Kleinstaates für die Großmacht: Das ist das alte Drama der Überschreitung von Standesgrenzen, die Tragödie devoter Heldenverehrung. Es wäre etwas leichter, wenn sich der angeschossene Riese seine Wunden von uns pflegen ließe und nicht wie in seinen eigenen Filmen mit achtzehn Kugeln im Bauch einfach weiterkämpfte. Amerika braucht unsere Liebe nicht, aber wir? Wen sollen wir denn lieben, außer Amerika? Wenn wir vor ihr fliehen, vor America the Beautiful, dann laufen wir doch immer nur ihren Klonen in die Arme, und deshalb lassen wir uns lieber von Uma Thurman bespucken als von Nina Hoss küssen. Amerika ist unser Heroin, und lieber injizieren wir reinen Rock 'n' Roll als das Methadon, das etwa Bands aus Hannover produzieren. Daß wir dabei unsere Würde vergessen, das gehört eben zur Liebe dazu. Aber vielleicht haben wir selbst diese Weisheit nur aus irgendeinem Hollywood-Film gelernt. Wir haben es ja versucht: Wir wollten auch ein bißchen Antiamerikaner sein, damals, als auf einmal alle Amerikaner waren und wir nicht ganz so konform sein wollten, was wir uns vermutlich auch von jemandem wie James Dean abgeschaut haben. Aber dann erklärten uns Freunde, daß es so etwas wie Kritik gar nicht gäbe, ohne die amerikanische Erfindung der Demokratie, und daß man ein Land einfach lieben muß, das so exzellente Antiamerikaner hervorbringt wie die Vereinigten Staaten. Es hilft nichts: Selbst wer gegen Amerika ist, ist für Amerika.

CONTRA

Liebt euch doch selber!

Claudius Seidl

Das einzige Volk, das nicht nur geliebt werden will, sondern auch geliebt werden muß, notfalls mit Gewalt, das sind natürlich wir, die Deutschen. Das liegt bekanntlich daran, daß wir weder besonders gut wissen, wer wir sein könnten, noch finden wir uns selbst und einander besonders sympathisch und liebenswert – diesen Job sollen gefälligst andere für uns tun. Insofern ist dann ja auch klar, weshalb wir die Amerikaner nicht lieben müssen: Das können sie selber gut genug, und wenn mehr als 200 Millionen Amerikaner sich selber und einander lieben, fällt es kaum noch ins Gewicht, ob die Deutschen sich da anschließen wollen oder nicht. Wie zudringlich und indiskret und letztlich folgenlos die Liebe zu Amerika sein kann, wurde damals offenbar, als Peter Struck, heute Verteidigungsminister, sagte: »In diesem Moment sind wir alle Amerikaner.« Alle stimmten zu, obwohl der Satz schon damals falsch war. Wenn so ein Berliner Politiker nämlich seinen Fernseher ausschaltete, dann war da nichts als das gewohnte deutsche Elend. Wenn ein Amerikaner in New York oder Washington seinen Fernseher ausmachte, entkam er eben der Katastrophe trotzdem nicht. Es roch noch monatelang nach Asche und Tod. Die Deutschen waren damals keine Amerikaner; das hätte auch kein Amerikaner von ihnen verlangt, und auch heute fordert Amerika weder Liebe noch Identifikation. Amerika hat noch nicht mal gefordert, daß deutsche Soldaten in die irakische Wüste verlegt werden – und der Mann, der gestern noch Amerikaner war, sagt ungefragt: »No«! Hoffentlich liebt er sich selbst und seinen Bundeskanzler. Man muß Amerika nicht lieben, man darf es aber. Es gibt Gründe genug, solange es nicht beim One night stand bleibt.

Ist das Kopftuch überhaupt noch tragbar?

PRO

Ein Königreich für ein Tuch

Johanna Adorján

Tage, an denen Haare nicht so wollen wie ihr Besitzer, nennt der Engländer bad hair days – der Deutsche tut einfach so, als kenne er sie gar nicht, und hat keinen eigenen Ausdruck dafür. Dabei wird man doch gerade auch hierzulande immer wieder mit Frisuren konfrontiert, die nach Bedeckung förmlich schreien. Um ein Beispiel aus der jüngeren Zeit zu nennen: Da wäre diese Frau, deren Namen man sich nicht merken muß, weil ohnehin nicht sie, sondern ein Mann unser nächster Bundespräsident werden wird. Der Mann heißt Herr Köhler. Seine Frisur haben wir vergessen – nicht die schlechteste Voraussetzung für jemanden, der in die Politik will. Dafür sind uns die Haare der Frau um so besser in Erinnerung. Sie sind blond, lockig und nach derselben Methode arrangiert, nach der Vögel ihre Nester bauen. Also ordentlich Material in der Mitte zusammengetragen, die Seiten dienen der Befestigung. Was die Frau, die nicht Köhler heißt, unter ihrem Haarnest versteckt, was sie dort womöglich gar ausbrütet, wissen wir nicht, und wir schämen uns an dieser Stelle auch sehr dafür, hier einmal wieder eine Frau zur bloßen Frisur herabzuwürdigen – aber unter Umständen ist das in diesem speziellen Fall von der Trägerin sogar selbst so beabsichtigt. Warum sonst sollte jemand mit einer Haarvegetation auf dem Kopf herumlaufen, in der sich problemlos kleine Waldtiere verstecken könnten? Das Wort Staatsoberhaupt ist hier vielleicht einen Tick zu wörtlich genommen. Und was für ein Glück, daß die Monarchie hier abgeschafft ist – nicht auszudenken, in diesem Haar würde sich eine Krone verfangen, und die Gefahr bestünde ja zweifellos. Nein, was die Haare betrifft, man muß es leider so sagen, sollte die Frau, die nicht unser nächster Bundespräsident werden wird, besser nicht unser nächster Bundespräsident werden. Es sei denn, sie griffe zum Kopftuch.

CONTRA

Ein Tuch reicht für einen König

Claudius Seidl

Früher habe auch ich gerne das Kopftuch getragen; es war, vorne glatt und hinten zugebunden und mit der passenden Augenklappe im Gesicht, mein Bekenntnis zu Abenteurertum und Piraterie, und es gab mir nebenbei noch das beruhigende Gefühl, daß niemand, noch nicht mal Frau Schavan oder der Herr Stoiber, hineinschauen könnte in meinen Kopf und ich meine kleinen Gedanken für mich behalten durfte. Später sagten mir aber meine Freunde, das Kopftuch sei ein Symbol für die Unterdrückung des Mannes in der westlichen Welt: Wer darunter so piratenmäßig sein Hirn verberge, unterwerfe sich doch bloß jenen Frauen, die sich Machos wünschten, kraftstrotzende Testosteronpakete, und sich überhaupt nicht darum kümmerten, daß auch Männer manchmal denken wollen. Also band ich das Kopftuch vorne zu, im Stil von Sophia Loren und Brigitte Bardot, aber weder meine Freunde noch gar die Frauen wollten irgend etwas wissen von meiner weiblichen Seite. Zum Glück für mich verhängte mein Chef dann ein Kopftuchverbot am Arbeitsplatz, was mich dazu zwang, meinen Kopf zu befreien und mir die Haare sauber schneiden zu lassen und sie mehrmals im Jahr zu waschen, was ich heute, im nachhinein, als zivilisatorische Errungenschaft gar nicht heftig genug preisen kann. Und mit dem Eifer des Konvertiten spreche ich heute überall, in der U-Bahn, im Restaurant, am Arbeitsplatz jene Männer an, die noch immer ein Kopftuch tragen, ich biete ihnen Hilfe zur Selbsthilfe an, und die ganz schweren Fälle, jene Typen, die meinen, sie müßten ohne Kopftuch vor Scham fast vergehen, die lade ich in unsere Selbsterfahrungsgruppe »Anonyme Kopftuchträger« ein, wo wir, ganz langsam und vorsichtig und psychologisch betreut, unsere Köpfe befreien. Manchmal werden wir rückfällig. Dann trinken wir Rum und singen »Siebzehn Mann auf des toten Mannes Kiste, hoho!«.

War die deutsche Wiedervereinigung richtig?

PRO

Einheit geschenkt

Joseph von Westphalen

Ist nicht, oh Wort zum Sonntag, das Leben ein ständiges Löcken wider den unvermeidlichen, stacheligen Tod? Wäre es demnach nicht menschenwürdig, bis zur Einschmelzung Deutschlands in die Vereinigen Staaten von Europa gegen die vollendete Tatsache Wiedervereinigung »mit den Füßen auszuschlagen« (so die Duden-Definition von »löcken«)? Es wäre – aber ich will nicht mehr strampeln. Ich gebe mich besiegt. Was habe ich gelöckt! Was habe ich den dank der Einheit hinzugekommenen Ostnazis den Teufel an ihre gräßlichen Gurgeln gewünscht. Auch die sind stiller geworden. Toi, toi, toi – Toitschland! Und good bye: Nach dreizehn Jahren ist das schwarzrotgoldene Pathos der Befreiung zur Filmkomödie geworden. Trotz neuer Größe und Hauptstadt Berlin kein Erstarken nationaler Gefühle. Die Kosten der Einheit sind eine brauchbare Entschuldigung für das neue Image von Deutschland als Schlußlicht. Hintendran trotten ist doch wirklich sympathischer als fahnenschwenkend vorneweg marschieren. Die Einheit hat uns beschenkt. Allein das Kürzel IM – was für eine ideale Metapher zur Selbsterforschung. Noch ein Sonntagswort: Sind wir, Würmer auf Erden, nicht alle inoffizielle Mitarbeiter? Im Ernst. Wer lieber neue Länder als sich selbst erforscht, hat es nicht so weit und kann durch alte Alleen brausen. Auch im Ernst. Literarisch betrachtet gab das Gehabe der DDR-Grenzer für Transit-Reisende schon lange nichts mehr her, da ist es aufschlußreicher, die verstockten Pensionäre heute zu fragen, was sie damals eigentlich gedacht haben, und zu beschreiben, wie sie mümmeln und nichts sagen. Seit 1990 gibt es eine neue Art zu schweigen. Auch das eine Erweiterung. Von den entfesselten Frauen ganz zu schweigen.

CONTRA

Erfolgreich getrennt

Peter Richter

Wie feiert man eigentlich so eine deutsche Einheit? Man kauft sich vor dem Brandenburger Tor am Stand von Nordrhein-Westfalen eine Thüringer Bratwurst, die schief auf dem Elektrogrill lag. Das eine Ende der Wurst sieht aus wie eine Düsseldorfer Feng-Shui-Beraterin nach dem Mallorca-Urlaub, schwarzbraun, zerknittert und ausgetrocknet. Das andere Ende wie ein rechtsradikaler Thüringer vor dem Mallorca-Urlaub, bleich, kalt und fettig. Man feiert den Tag der deutschen Einheit, indem man in diese Wurst beißt. Beim Weiterschlendern wird Senf auf die Hose kleckern. So war das letztes Jahr. So war das immer. Nur diesmal droht dieses Fest am Brandenburger Tor auszufallen, weil kein Geld da ist. Und das ist gut so. Wenn man am Stand des Freistaates Sachsen Fettbemmen als »Schmalzstullen« aufberlinert bekommt, ist ohnehin etwas ganz gewaltig schiefgegangen. Fusionen sollten das Niveau heben, wenn sie es hingegen derart drücken wie bei den zentralen Feiern zur deutschen Einheit, dann müssen sie rückgängig gemacht werden. Getrennt sind beide viel erfolgreicher. Der Westen im Fußball, der Osten in der Leichtathletik. Zusammen sind sie Mittelmaß. Wenn eine Gesamtbevölkerung statt einer Elite auf allen Gebieten gleich zwei hervorbringen muß, die noch dazu miteinander wetteifern, dann können sich schon rechnerisch weniger Leute zurückhängen lassen – das allgemeine Niveau steigt. Und wer sagt denn, daß man Deutschland diesmal wieder durch zwei teilen muß? Aus wie vielen Teilen bestand es denn, als es noch Land der Dichter und Denker genannt werden konnte, ohne die Richter und Henker gleich zu implizieren? Eben. Gerade im Interesse der echten Thüringer Bratwurst: Trennkost!

Ist Hetero-Sex noch zeitgemäß?

PRO

Bleibt gesund!

Cornelius Tittel

Sex an sich ist gut, von gutem ganz zu schweigen. Ob Pickel, Herzprobleme oder Gelenkschmerzen – glaubt man den Experten, gibt es kaum ein Problem, das nicht gleichermaßen durch ausdauernden hetero- wie homosexuellen Sex gelöst werden könnte. Nur bei der Sicherung der Renten liegt der klassische heterosexuelle Geschlechtsverkehr knapp vorne, was ihn trotz der leeren Rentenkassen dieser Tage keine Spur attraktiver macht. Während Schwule und Lesben ihre Sexualität beim Christopher Street Day als way of life feiern, trifft sich das heterosexuelle Restvolk am Grill oder, schlimmer noch, unter IG-Metall-Sonnenschirmen vor den Werkstoren Ostdeutschlands. Wer es wissen will, weiß es längst: Es wird gestreikt. Und wer nicht streikt, hat hitzefrei. Daß nun schon die Jugend durch unverantwortliche Äußerungen von Teenie-Idol Jeanette Biedermann verdorben wird (»Ich hatte erst einen Lover«), macht den Trend um so bedenklicher: Eine seit Menschengedenken praktizierte Tradition droht auszusterben. Und so möchte man gerade jungen Lesern, die Hetero-Sex aus Imagegründen (»zu mainstream«) eine Absage erteilen, ein aufmunterndes »Macht es trotzdem« zurufen. Auch wenn sie damit nicht das Rad neu erfinden. Auch wenn es eher retro ist und Old school. Auch wenn Sie weder klimatisierte Büros noch Sekretärinnen haben und der Herbst weiter auf sich warten läßt: Just do it. Es ist besser als sein Ruf. Und noch eines möchte man Ihnen mit auf den Weg geben: Urlaub im Süden ist tabu. Bei 37 Grad im Schatten ist Sand Sand, und Schweiß ist Schweiß. Stimulierend wirkt weder das eine noch das andere. Fahren Sie unbedingt dem Herbst entgegen. Schon der Rentenkasse zuliebe.

CONTRA

Bleibt sauber!

Claudius Seidl

Natürlich ist Hetero-Sex unmöglich, was nicht am Hetero liegt, sondern am Sex, weil der nämlich generell nicht möglich ist, weil es im Sommer viel zu heiß ist dafür und im Winter viel zu kalt, und am Abend ist sie schon eingeschlafen, und am Morgen braucht er erst mal einen Kaffee, und am Werktag kriegen beide die Gedanken an die Arbeit nicht aus dem Kopf, und am Sonntag sind sie zu faul und abgeschlafft, und nachmittags klingelt dauernd das Telefon, und bei offenem Fenster kommt zuviel Lärm herein (und zuviel dringt womöglich nach draußen), und bei geschlossenen Fenstern wird es zu stickig, und nach dem Essen fühlt man sich zu voll und davor zu hungrig, und vom Trinken verliert man die Lust, aber nüchtern kann man sich nicht wirklich fallen lassen, und bei heller Beleuchtung wirkt alles so steril und bei der Dunkelheit ein wenig verklemmt, und wenn beide gestritten haben, ist es blöd, sich beim Sex zu versöhnen, und wenn beide sich gut verstehen, ist Sex ja irgendwie unnötig, und wenn man gerade aus der Badewanne kommt, möchte man nicht gleich wieder schwitzen, und wenn man nicht aus der Badewanne kommt, riecht man schlecht, und die Frisur gerät durcheinander, und die Bettlaken verrutschen, und Sex außerhalb des Bettes, an ungewöhnlichen Orten ist auch eher was für die »Bild«-Zeitung als fürs richtige Leben, und wenn die Tage draußen sonnig sind, rennen die Menschen halbnackt herum, wovon einem jede Lust am menschlichen Körper vergeht, und wenn es regnet, schauen sie so traurig, daß einem erst recht jede Lust vergeht, und wenn uns von allen Plakaten eine gewisse Heidi Klum entgegengrinst, möchte man ja sofort schwarze Balken darübermalen. Im Prinzip allerdings wäre Sex mal wieder ganz schön.

Muß der Süden unser Ziel sein?

PRO

Frei sein, dabeisein

Claudius Seidl

Wer den Süden gedanklich wirklich erfassen will, darf nicht haltmachen in Bayern oder Baden-Württemberg. Klar, laut Iglu-Studie liegt dort der Intelligenzquotient selbst der kleinsten Kinder schon bei durchschnittlich 155 – und entsprechend ist das Volkseinkommen so hoch, daß in Stuttgart die Straßen mit Blattgold überzogen sind; und jeder Münchner besitzt außer einem Porträt von Franz Josef Strauß und einer Biographie Ludwigs II. auch eine 250 Quadratmeter große Eigentumswohnung als Altersvorsorge. Aber manchmal regnet es auch in Bayern, und in Baden sprechen die Leute badisch und in Württemberg schwäbisch, was schon schlimm genug ist, und wenn man direkt vor den Alpen steht (die das sogenannte Hamburger Wochenblatt einmal »arrogant« nannte), dann will man nicht bloß hinauf, sondern hinüber, in jene südlicheren Gegenden, nach denen wir uns seit mehr als zweitausend Jahren sehnen. Insofern kommt uns die Nachricht ganz recht, wonach die Bevölkerung Italiens dramatisch schrumpfe – bald werde es nur noch zehn Millionen Italiener geben. Wozu man, als Barbar und Germane nur sagen kann: Na bitte, dann ist da ja noch Platz für uns. All die Langobarden, Ostgoten, Westgoten: Sind die jemals wiedergekommen? Wir sollten die Völkerwanderung als unabgeschlossenes Projekt betrachten und in Genua und Neapel schon mal die Claims abstecken. Über kurz oder lang werden wir alle dort wohnen – auch die Zahl der Deutschen schrumpft; in fünfzig Jahren passen alle sehr gut in die freigewordenen Wohnungen Italiens. Wer wird dann aber noch in Deutschland leben? Die ersten Wölfe, heißt es, sind schon da, und bald wird wieder Wald wachsen, wo gestern noch Wuppertal war.

CONTRA

Cool bleiben, hier bleiben

Peter Körte

Vermutlich ist auch daran Goethe schuld, weil er fragen ließ: »Kennst du das Land, wo die Zitronen blühen?« und gleich selber hinreiste. Heute überwintern Rentner als moderne Nachfahren der Vandalen auf Mallorca, und späte Ostgoten erwerben Immobilien im Süden, weil Forscher herausgefunden haben wollen, daß vor langer, langer Zeit selbst die Pinguine den Nordpol verließen. Der Schweizer Literaturprofessor Iso Camartin hat sogar in einem Buch verkündet: »Jeder braucht seinen Süden« und behauptet, daß es sich bei diesem Bedürfnis nicht um ein geographisches, sondern um ein existentielles Phänomen handle, das wiederum mit den »Licht- und Wärmegraden der Seele« zusammenhänge. Wenn einem die Finger an der Tastatur festzufrieren drohen und die Seele sich nur noch wie ein gefriergetrockneter Klumpen anfühlt, dann mag es schon sein, daß man sich nach dem Süden zu sehnen beginnt. Erst recht, wenn man im Norden wohnt, wo einem sowieso nicht viel anderes übrigbleibt, als sich nach Süden zu begeben oder gleich zum Eisbären zu werden. Das Problem ist jedoch, daß die meisten, kaum daß sie im Süden sind, zu jammern beginnen, daß es dort zu heiß sei, daß Strom und Wasser nicht funktionieren und die Menschen zwar freundlich, aber faul seien, daß es keine vier Jahreszeiten mehr gebe und so weiter. So tobt der sogenannte Nord-Süd-Konflikt in jedem von uns, obwohl er im Grunde nur eines der vielen Scheinprobleme ist, mit denen wir uns herumschlagen. Denn wenn man in den Süden zieht, dann kann der Süden ja gar nicht mehr das Ziel sein, weil irgendwann doch der Südpol anfängt und alles wieder von vorn losgeht. Insofern existiert der Süden gar nicht, sondern ist allenfalls ein wärmender Gedanke.

Sollen wir uns über Memoiren freuen?

PRO

Ich ist ein Wanderer

Claudius Seidl

Von Aristoteles, um mal ein bißchen auszuholen, durfte man noch sagen: Er wurde geboren, er dachte, er starb. Denn Aristoteles wurde in eine Zeit hineingeboren, in der das Denken noch geholfen hat. Nietzsche, um der Gegenwart näher zu kommen, mußte schon hundert Jahre und dann auch noch auf Rüdiger Safranski warten, bis der »Die Biographie seines Denkens« schrieb. Und natürlich kann, wer will, nun den unaufhaltsamen Niedergang darin sehen, daß jetzt, noch mal drei Jahre später, Typen wie Daniel Küblböck die Geschichte ihrer Denkfaulheit schreiben. Und wer in den vergangenen Jahren die Autobiographien jener Menschen gelesen hat, welchen nicht bloß eine Karriere, sondern tatsächlich ein Leben den literarischen Rohstoff lieferte und die darüber auch noch nachgedacht haben: Dann möchte man schon mal »Halt doch die Klappe!« brüllen, wenn der nächste sogenannte Prominente sich mit seinem Ghostwriter an den Schreibcomputer setzt. Zum Glück wissen wir heute, fast zweieinhalb Jahrtausende nach Aristoteles, daß nicht wir die Texte schreiben. Es sind die Texte, die uns schreiben; und wenn Boris Becker uns plötzlich im selben Medium erscheint wie Friedrich Nietzsche und Aristoteles: Dann steht er zwar keineswegs so nackt da, wie sich das die »Bild«-Zeitung vorstellt, weil sie die Wörter und Sätze nicht anders als beim Nennwert nehmen kann. Aber er steht eben in einer Idealkonkurrenz mit Menschen, gegen die er keinen einzigen Satz gewinnen wird. Das muß man, erstens, wohl mutig nennen. Und zweitens darf man das in einer Schärfe kritisieren, gegen die sich Becker weder mit dem Tennisschläger noch mit dem teuersten Anwalt wehren kann. Alle Kritik, sagt übrigens Oscar Wilde, ist eine Form der Autobiographie.

CONTRA

Ich ist kein anderer

Peter Körte

Als ich heute morgen aufwachte und die Puzzlesteine meines Lebens mal wieder kein erkennbares Bild ergaben, da glaubte ich auf einmal zu wissen, was mir fehlte: eine Biographie. Klar, auch ich verfüge über einen tabellarischen Lebenslauf, aber was ist das schon gegen ein echtes Buch? Erst das Buch macht all die Momente, bei denen man nie weiß, ob sie zur eigenen Software gehören oder ob sie bloß ein Benutzerirrtum sind, zum Leben. Die Biographie ist der Spiegel, aus dem einem beim Rasieren ein Ich entgegenschaut, das man ohne sie gar nicht erkannt hätte. Wie kläglich saß Boris bei der Wahl der hundert besten Deutschen herum, nachdem er hinter Bohlen, Küblböck und Goethe gelandet war, die alle ihre (Auto-) Biographien geschrieben haben, welche traurige Leere sprach aus ihm, die er erst jetzt durch die Veröffentlichung seiner Biographie wird überwinden können. Ich hätte mir lieber mehr niederschreiben und weniger denken sollen, ging mir in Umkehrung eines berühmten Wortes von Dieter Bohlen durch den Kopf. Aber hatte nicht der Franz dem Bohlen von weiteren Biographien abgeraten, der Kaiser, der selber schon diverse Biographien hinter sich hat? Und während ich noch ratsuchend in den Spiegel schaute, kam mir auf einmal ein schrecklicher Verdacht: Wenn alle ihre Biographie schreiben, kommt dann überhaupt noch einer zum Leben vor lauter Schreiben? Ist nicht der Biographismus eine böse Falle, weil er die Möglichkeit jeder Biographie tendenziell abschafft? Hatte Hegel also recht mit seiner List der Vernunft, derzufolge einer seine partikularen Zwecke verfolgt und dabei doch das Allgemeine befördert? Und ich erkannte: Wer den Biographismus abschaffen will, muß ihn fördern.

Brauchen wir wieder Kolonien?

PRO

Kolonien der Liebe

Nils Minkmar

Klassenfahrt nach London, ein Jahr vor dem Abitur. Der Bus hält vor dem wildromantisch verdreckten Billighotel. Hinter mir sagt Nicole: »Fensterleder, Zeitungspapier, zwei Flaschen Glasreiniger, dann hätte ich das!« Oder mal in Kairo, da äußerte sich ein Lands- und Fachmann angesichts eines erbärmlich wackelnden Pferdekarrens: »Zwei Winkeleisen, Dachlatten, dann ist das Ding stabil, und sie kriegen sogar noch'n Stoßdämpfer druntergehängt.« Moderne Deutsche machen sich gern nützlich, das ist nun mal so. Erinnert sich noch jemand an Belet Uen, den ersten Auslandseinsatz deutscher Soldaten nach der Wiedervereinigung, im Sommer 1993? Es galt, mitten im somalischen Nichts, ein Lager aufzubauen, das einem später eintreffenden indischen Blauhelm-Kontingent Unterstützung und Komfort bieten sollte. Die Inder kamen dann nicht, aber das Lager, also das war der am besten erschlossene, vernetzte und gesicherte Fleck Ostafrikas. Die Anwohner mochten das, vielleicht auch, weil sie gespürt haben, daß es den Deutschen guttut, an der technisch-handwerklichen Optimierung der Zustände in exotischen Ländern zu werkeln. In der Heimat ist ja alles schon fertig. Kongo wiederum hat in den letzten Jahren »Alles und das Gegenteil von Allem« (Franz Josef Strauß) erlebt. Man wird es dort mit einer gewissen Lässigkeit hinnehmen, wenn ein oder zwei Camps mit DIN-gerechten Abwassersystemen und einer euronormkonformen Solarzellenanlage aufgebaut werden, wenn ozonfreie Kühlanlagen installiert und allergiegetestete Metallschutzzäune errichtet werden. Das wäre wohlverstandene »Hilfe zur Selbsthilfe« – Kongo läßt uns halt mal gewähren, wir bauen und schrauben, als ginge es um unser Seelenheil.

CONTRA

Traurige Truppen

Claudius Seidl

Wir Deutschen haben ja auch unsere koloniale Tradition, nur waren unsere Urgroßväter leider zu ängstlich oder zu seekrank und sind deshalb nicht zu fernen Ländern und Inseln gesegelt. Sie blieben, wie es ihre Art ist, im Prinzip daheim, bewegten sich dabei aber ganz langsam nach Osten, über die Elbe und noch ein bißchen weiter, wo es zwar schon Sorben, Wenden und Pruzzen gab, was den Deutschen aber auch egal war. Ein paarmal haben sich die Einheimischen gewehrt, dann gaben sie es auf. So kam Deutschland zu seiner ersten Kolonie – und damit, so beginnen wir heute zu ahnen, hat doch das ganze Elend angefangen. Soldatenkönige, Spreewaldgurken, Otto von Bismarck und Oskar Matzerath. Heute ist, was einst Kolonie war, aufs Format der sogenannten fünf neuen Länder zusammengeschrumpft, und solange wir die Misere dort nicht in den Griff kriegen, sollten wir gar nicht erst über fernere Ziele nachzudenken beginnen. Woran liegt es aber, daß wir trotzdem ständig hinauswollen aus diesem feuchten, nebligen und letztlich zu weit nördlich gelegenen Land (in dem nur zufällig gerade Sommer ist)? Es muß wohl die sogenannte Tiefenerinnerung sein, das Ferngedenken an jene Urgroßcousins, die damals noch nicht Deutsche, sondern Westgoten und Ostgoten, Vandalen und Langobarden hießen. Auch die wollten raus, und so sind sie einfach losgezogen, nach Süden, in die zivilisierteren Gegenden. Sie haben dabei zwar das schöne Römische Reich kaputtgetrampelt, was wir ihnen lieber nicht nachmachen sollten. Aber zurückgekommen sind sie nie mehr. Sie sind dort unten im Süden geblieben, haben von den Einheimischen das Kochen und Manieren gelernt und sind heute gute Italiener oder Spanier. Das wär's doch.

Kann Franz Müntefering die SPD aus der Krise führen?

PRO

Das Wunder von Münte

Nils Minkmar

Müntefering, es wird ihnen vielleicht aufgefallen sein, redet gern vom Fußball und noch lieber in Fußballmetaphern. Sitzt er im ZDF-Fernsehrat, dann sagt er dem Sender: »Vergeßt mir die A-Jugend nicht!« Selbst wenn man ihn morgens um vier aus dem Bett klingelte, murmelt er gewiß: »Bißchen früh, aber Anpfiff ist Anpfiff!« Ich selbst bin, das muß ich jetzt mal sagen, nicht der Sportlichste. Meine klägliche Fußballkarriere begann und endete in der Schule. Konnten sich die beiden besten Spieler in der Klasse die Mannschaften selbst zusammenstellen, dann blieb ich so lange sitzen, bis hinter mir nur noch die saßen, die einen Arm oder ein Bein im Gips hatten. Jede Information über Fußball vergesse ich nach wenigen Sekunden. Dennoch mag ich Müntefering. Er erinnert mich genau an meinen ehemaligen Mitschüler Steffen, ein Athlet, ein Profi, ein Fußballexikon im Trainingsanzug. Auch Steffen redete so wie Franz, nur vom, über und im Fußball. Eines Tages geriet ich, er konnte es nicht verhindern, in seine Mannschaft. Steffen legte mir jungsmäßig den Arm auf die Schulter und schaute müntemäßig entschlossen: »Und gleich in der ersten Halbzeit …« Hier stieg ich mental aus, machte aber weiter ein zuhörendes Gesicht, Steffen schloß nach einigen Minuten mit den Worten: »… dann: Abseitsfalle. Alles klar?« Bevor ich reagieren konnte, fing er laut an zu lachen, und alle anderen Jungs auch. War nur Spaß gewesen. Ich solle natürlich ruhig was lesen gehen oder spazieren, sagte er dann freundlich und lief auf den Platz. Er spielte Fußball, mir durfte das egal sein, so war unsere Arbeitsteilung, und sie war gut. Auch Münte will uns, scheint mir, sagen: Laßt mich nur machen, habt eine gute Zeit und hört nicht so genau hin.

CONTRA

Münti Python

Claudius Seidl

Natürlich ist »Münte« ein guter Spitzname, weil das so proletarisch und würdevoll zugleich klingt, nach unerschrockenem Streikposten und nach bloßen Fäusten, die gelegentlich auf die Nasen der Reaktion treffen, und irgendwie ergänzt man »Münte ...« automatisch mit dem Restsatz »... macht das schon richtig«. Aber am Freitag, bei der Pressekonferenz, war »Münte« nicht mehr der richtige Name; da wurde Franz M. zu »Münti«, weil das nicht nur nach den Humortitanen von »Münti Python« klingt, sondern, vor allem, weil man als Fernsehzuschauer so zärtliche Gefühle entwickeln konnte für diesen Mann, der seine Sätze zu Ende kriegte und überhaupt ein anschaulicheres Deutsch sprach als Schröder, Stoiber und Westerwelle zusammen. Und dann verwies er auch noch auf die ruhmreiche Geschichte der SPD – und es war, als schwebten die Geister von August Bebel, Friedrich Ebert und Willy Brandt durch den nüchternen Saal der Bundespressekonferenz. Man hätte, vor Rührung, fast heulen mögen – auch darüber, daß Karl Marx' Geist leider abwesend war. Marx nämlich hätte, ganz unromantisch, dem Herrn Müntefering womöglich erklärt, daß auch die schönsten Geschichten irgendwann zu Ende gehen und die ruhmreichsten Parteien sich auflösen, wenn sich ihre Notwendigkeit erledigt hat. Die SPD hat fürs Wohl der Arbeiterklasse so lange und erfolgreich gekämpft, bis es diese Klasse nicht mehr gab und die dazugehörige Arbeit auch nicht. Alle Schlachten sind geschlagen, alle Forderungen erfüllt: August Bebel, käme er wieder, könnte es kaum glauben. Die SPD kann sich nur noch auflösen. Oder sie nennt sich fortan FDP. Die Partei gleichen Namens ist nämlich so wenig zu retten wie ihr Chef. Dabei lohnte es sich doch, für die Freiheit zu streiten.

Sollen wir uns den amerikanischen Coffeeshops ergeben?

PRO

Nur die Tasse

Amelie von Heydebreck

Uns durchschnittlichen Deutschen wird mulmig zumute angesichts eines echt italienischen Kaffees oder, sagen wir lieber: angesichts des leidenschaftlich körperlichen Einsatzes, den man uns abverlangt, nur, um jene gespuckte Portion Gebrühtes dann in zwei Sekunden austrinken zu dürfen. Denn, das wissen speziell unsere Männer aus der Werbung, vorher steht, daß man auf halsbrecherische Weise, über dem Abgrund balancierend, Wäscheleinen überquert, bloß, um zur Angebeteten im dritten Stock des Hauses gegenüber zu kommen – der viel praktischer mit dem Fahrstuhl zu erreichen wäre. Und dann die dreckigen Fußabdrücke auf der frisch gewaschenen Wäsche! Auch für die Frau ist das Vorspiel jener italienischen Kaffeeorgien, seien wir ehrlich, eine Zumutung. Überhaupt: Lieber hätte man sich vorher ein wenig frischgemacht oder wenigstens die Lockenwickler rausgedreht. Da loben wir uns die amerikanische Kaffeehauskette, die es seit kurzem in Berlin gibt und die weitere deutsche Filialen aufmachen will: »Starbucks«. Da fühlen wir uns gut, denn daß dort der »caffej lattej grandej«, den man mit möglichst lang gedehntem »E« bestellt, genau einer Oktoberfestportion Bier entspricht, gibt gerade jenen unter uns, die besuchsweise in Berlin umherirren, ein vertrautes, sicheres Gefühl (auch, wenn sie das leugnen mögen). Hier trinken wir italienischen Espresso und behalten trotzdem die Übersicht – bestätigte auch der Redner zur Feier der ersten »Starbucks«-Filiale: »Ich bin sicher, daß die Leidenschaft, mit der wir die Eröffnung vorbereitet haben, sich in jeder Tasse Kaffee unseres Coffee Houses fortsetzt.« Das behagt uns Kaffee-Hag-Trinkern: Bei »Starbucks« bleibt Leidenschaft da, wo sie gefälligst hingehört: in der Kaffeetasse.

CONTRA

Nicht die Bohne

Peter Richter

Wenn mich der Haftrichter fragt, was mich zum Kaffeenazi gemacht hat, werde ich »Starbucks« sagen. Dieser erste Sommer »Starbucks-Experience« in Berlin. Ich hoffe auf mildernde Umstände. Mild oder Smooth, nur bitte nicht Bold. Bei den Strafen nehme ich lieber Tall, das ist immer noch kleiner als Grande. Ich wollte eine Kleinigkeit essen und trinken und wurde zum Globalisierungsverlierer. Ich stand vor einer Espressobar, die »italienisch« sein wollte, an der man aber nicht rauchen durfte. Angestellte Lächler duzten mich in Bedrängnis: Mocha? Macchiato? Con Panna? Frappuccino? Einen BigMac hätte man hier bestellen können. Aber keinen Kaffee. Die Italiener, begriff ich in diesem Moment, hätten den Espresso niemals aus der Hand geben sollen. Exportiert Deutschland etwa Südfrüchte? Kaufen wir Autos aus Uganda? Warum dann Kaffee aus den Vereinigten Staaten, wo sie Kaffee, also das beste Aroma der Welt, kaputtaromatisieren? Ich wollte neben jedem »Starbucks« einen »Sturback« aufmachen, eine stur deutsche Bäckerei mit Filterkaffee, draußen nur Kännchen. Ich hatte Lust, generell mal aufzuräumen im gastronomischen Besserverdienenden-Babylon, in einen dieser pseudojapanischen Sushi-Läden zu gehen, die Reisröllchen von den Tellern zu wischen und statt dessen geschnittene Bockwürste draufzutun. Ich wurde verhaltensauffällig am Starbucks-Tresen. Ich schrie: »The drink formerly known as eine Tasse Kaffee! Schwarz! Per favore!« Als sie Wasser in den Espresso gossen, fragte ich, ob sie nicht lieber Espresso in den Espresso gießen könnten. Und statt des angeblich frischen Thunfisch-Sandwiches aus der Plastikhülle biß ich lieber in den dafür fälligen 5-Euro-Schein: Viel trockener schmeckte der auch nicht.

Bringt uns der Rücktritt weiter?

PRO

Nur mit Urlaubsgeld

Peter Richter

Um Schaden abzuwenden, wäre es eigentlich unabdingbar, gleich an dieser Stelle von der Aufgabe, diesen Text zu schreiben, zurückzutreten. Die Rücktrittsfähigkeit des Menschen setzt ja immer früher ein. Ein schönes Ergebnis der Evolution. Cem Özdemir hat das gezeigt, indem er zurückgetreten ist, ohne jemals überhaupt ein Amt angetreten zu haben. Das ist die längst fällige Demokratisierung: Jeder, der irgendwas macht, muß zurücktreten können. Der Busfahrer tritt wegen Verspätung zurück. Der Bäcker wegen Euroteuro, der Bestatter, weil er am Tod verdient. Und im Hintergrund tauschen sie ihre Rollen und treten wieder auf, weil die Leute ja trotzdem was essen, zur Arbeit und ins Grab müssen. Der Rücktritt ist keine Bremse mehr, weder im Leben noch am Fahrrad: Es rollt weiter, egal wohin man tritt. Der Rücktritt ist ein katholisches Sakrament und hält die Welt am Laufen. Was wäre aus Jena geworden, wenn Lothar Späth nicht in Stuttgart zurückgetreten wäre? Mit einem Rücktritt steht man ehrenwert da, mit Standhaftigkeit hingegen so wie Scharping: Wenn dir der Lafontaine eine runterhaut, dann rasier' die andere Wange und halt sie dem Schröder hin. Die Reichweitenentwicklung bei Waffen und Medien hat es ratsam werden lassen, aus der Schußlinie zurückzutreten in die Etappe, wo es sich der Generalstab gutgehen läßt. In Computern bleiben die Programme im Hintergrund aktiv und schreddern ungestört die Festplatte. Rücktritt lohnt sich wieder, seit in den Schreibtischschubladen von Ehrenmännern keine goldenen Colts mehr liegen: Man schaltet heute nicht mehr aus, sondern Standby. Rücktritt ist eine Art Urlaub. Sogar mit Urlaubsgeld. Denn das ist ja meistens auch der Anlaß.

CONTRA

Nur für Weicheier

Anne Zielke

Wenn es früher, als es weder Politiker noch Flugzeuge oder gar Bonusmeilen gab, um wichtige Probleme wie die korrekte Aufteilung eines erlegten Mammuts ging, hatte man eine unschuldige, wenn auch nicht immer charmante Art, diese Probleme zu lösen. Man kann sie ganz gut mit dem Wort »Rücktritt« zusammenfassen, das von dem Verb »zurücktreten« kommt. Trat einer zu, um einen anderen von der leckeren Lende wegzustoßen, trat jener, im besten Fall, zurück. Dazu brauchte es Mut, weil ein Rücktritt meistens den nächsten provozierte und so weiter, bis eine wüste Rauferei im Gange war. Aber die Zeiten haben sich geändert. Mit der berühmten Umwertung der Werte wurde auch aus dem Rücktritt ein eher zahmes, sozialverträgliches und heuchlerisches Ritual. Von blauen Flecken kann gar nicht die Rede sein, eher von Respektsbekundungen. Respekt aber wofür? Es ist ein großes Mißverständnis, wenn man jemanden wie Özdemir für seinen Rücktrittsmut lobt und ihm moralische Überlegenheit unterstellt. In Wirklichkeit hat er sich als politischer Versager und Weichei zu erkennen gegeben. Denn erst das Ausharren macht große Politiker aus. Und außerdem: Wenn jeder immer gleich zurücktreten würde, wo kämen wir dann hin? Man denke an Fidel Castro, Helmut Kohl und nicht zuletzt an den bewundernswerten irakischen Staatschef Saddam Hussein, über dessen private Nutzung dienstlicher Flugmeilen die vorübergehend stillgelegten Iraqi Airways leider keine Auskunft geben. Man stelle sich vor, Saddam Hussein wäre wegen einer Lappalie wie der lächerlichen fehlgeschlagenen Invasion in Kuwait zurückgetreten. Nicht auszudenken: Dann hätte der Westen schon wieder einen Feind weniger.

Sind Studentenproteste noch zeitgemäß?

PRO

Wem Studien gebühren

Nils Minkmar

Als ich noch studierte, beschloß eine viele Hundert Studenten zählende Menge, eine Sitzung der Zentralen Studienkommission zu »besuchen«. Die Türen des Sitzungssaals wurden geöffnet, so viele wie möglich drängten hinein, Trötenlärm, Trillerpfeifen und Sprechchöre wurden über das verschreckte, bedrängte Professorengrüppchen verstreut. Wegen der krassen Übermacht der Studenten hatte die Sache etwas Unangenehmes. Der Vorsitzende der Kommission, ein mittelalter Anglist, verzog keine Miene und sagte mit glockenheller Stimme: »Meine Damen und Herren, herzlich willkommen zu unserer Sitzung. Möchte einer unserer neuen Gäste vielleicht den Mitgliedern die mitgebrachte Tischvorlage erläutern?«, womit er das oberwitzig mit Comics gestaltete Umweltschutzpapierflugblatt meinte, das gerade in zigfacher Ausfertigung zu Boden flatterte und alle freien Flächen bedeckte. Das wurde in Ruhe und mit großem Ernst besprochen, dann gingen alle wieder. In einem anderen Semester wurde in der Saarbrücker Innenstadt demonstriert, alles war wunderbar geregelt und mit der legendär friedlichen saarländischen Polizei abgesprochen. Zu friedlich für einige Aktivisten an der Spitze des Zuges, die die Demo spontan und ganz tricky in Richtung Landtag umlenken wollten, was irgendwie gut kommt, weil die Polizei ja die Bannmeile des Parlaments schützen muß: Das versprach Krawallbilder in den Lokalnachrichten. Der freundliche Polizist, der den Einsatz leitete, fand es aber gut, wenn junge Leute demonstrieren, und hatte weder Lust noch genug Beamte, um den Landtag einzukreisen. Schnell rief er den Landtagspräsidenten an, und der ließ, wie das im Saarland eben so geht, mal kurz die Bannmeile aufheben. Schnelligkeit, Anmut, Grazie der Obrigkeit – das gibt es leider nur, wenn sich ein schlurfender Haufen halbwacher Studenten trillernd nähert. Dann aber oho!

CONTRA

Einbildungs-Bürger

Claudius Seidl

Früher ging es im Studium immer auch darum, den verborgenen Bedeutungen, den doppelten Kodierungen, den Metonymien und Synekdochen nachzuspüren. Heute, so lehren es die protestierenden Studenten, ist nur noch das Alleroffensichtlichste gut genug. Die Universität muß sparen: Also steht den Studenten das Wasser bis zum Hals, was sie dadurch versinnbildlichen, daß sie, mitten im Dezember, ins schmutzige Spreewasser springen. Sie fürchten um ihr letztes Hemd, also rennen sie nackt um die Gedächtniskirche. Es sind Exzesse des Tautologischen, Orgien der Pleonasmen, was da, vor allem in Berlin, inszeniert wird. »Geist ist geil«, steht, ungeachtet des Umstands, daß man diesen Kalauer schon in jeder Zeitung lesen konnte, auf den Protestplakaten – und natürlich wirft das die Frage auf, wie frigide die Studenten sind. Selbst ein Beobachter, der sich vielleicht noch an sein eigenes Studium erinnert und von daher die Proteste mit einer gewissen Sympathie begleiten möchte, selbst der wohlwollende Zeitungsleser also dringt nicht hinter diese Mauern aus Floskeln: Was wollen denn die Studenten überhaupt, außer mehr Geld, was ja jeder will? Haben sie ein Anliegen, sind da irgendwelche Haltungen zu erkennen? Oder geht es tatsächlich nur um Unterhaltung – speziell um den superlangweiligen sogenannten »Bätschler«, die RTL-Kuppelshow, welche offensichtlich all die Studenten wöchentlich gucken und dann nachspielen in den Straßen Berlins. Auch der Bätschler springt angezogen ins Wasser. Auch der Bätschler umgibt sich mit halbnackten Frauen. Dem Vernehmen nach ist er auch geil, der Bätschler, und zwar erkennbar ohne Geist. »Studenten«, möchte man da rufen, »hat euch denn keiner gesagt, daß der Mensch nicht klüger davon wird, wenn er jeden Abend RTL guckt? Könnt ihr, wenn ihr schon keine Lust auf gute Bücher habt, wenigstens weiterzappen, bis Arte kommt?«

Ist »Tagesschau«-Sprecher Jens Riewa noch tragbar?

PRO

Laßt ihn da drin!

Peter Körte

Neulich abend, als ein namenloser Sprecher kurz vor acht irgendwelche Gewinner verlas, wuchs ein schrecklicher Verdacht: Es wird nicht nur längst geklont in Deutschland, Jens Riewa hat sich zudem in seine eigene Blaupause verwandelt und damit den alten Verdacht bestätigt, daß »Tagesschau«-Sprecher schon immer an ihrem Tisch festgeschraubt und dann mit dem Fernsehgerät ins Haus geliefert wurden. Nun aber hat sich gezeigt: Der Mann führt doch ein Eigenleben und wird nicht aus der Sendezentrale ferngesteuert. Kann man ihm übelnehmen, daß er für das sauerländische Städtchen Iserlohn nicht viel übrig hat, auch wenn daraus nicht zwingend folgt, daß man sich für Ingolstädter Eishockeyspieler erhitzen muß? Mancher hielt es ja auch schon für gewaltverherrlichend, daß er die erotische Präsenz der Schlagersängerin Michelle mit einer Granate verglich – aber wer allabendlich mit Nachrichten von Panzerfäusten, Sprengsätzen und Gewerkschaftsintrigen gefüttert wird, wie soll der sich noch ausdrücken, um seinem Herzen Luft zu machen? Hat er nicht nach Ende der Affäre gesagt: »Seitdem ist mein Herz tot«? Womöglich ist also die »Tagesschau« schuld, daß Riewa gar nicht anders kann, daß erst das unartikulierte Brüllen schwachsinniger Slogans ihn wieder zum Leben erweckt hat. Wer ihm dafür, was immer das sein soll, eine »klare gelbe Karte« zeigt, ist herzlos. Und wenn Riewa nun über den Dschungeltrip seiner einstigen Kollegin Susan Stahnke sagt: »Das ist eine Entwicklung, die ich menschlich einfach nur tragisch finde«, dann spricht daraus kein Neid, sondern die nackte Angst, künftig das Bett mit Kakerlaken statt mit Granaten teilen zu müssen: Laßt ihn da drin!

CONTRA

Laßt mich da raus!

Johanna Adorján

Ja, ich bin altmodisch. Ja, ich bestehe bei Nachrichtensprechern auf Seriosität. Nein, ich möchte nicht wissen, was sie in ihrer Freizeit machen. Ich möchte es bei vielen Leuten nicht wissen, bei Nachrichtensprechern aber ganz besonders nicht. Eigentlich möchte ich noch nicht einmal, daß sie Freizeit haben. Sie sollen sich am liebsten Tag und Nacht in technisch modernen, chrom- und glasdominierten Großraumbüros aufhalten, das Telefon stets am Ohr, Internet und mehrere Fernsehmonitore im Blick, und hin und wieder ein Fax aus dem Gerät ziehen. Rauchen dürfen sie. Sie dürfen auch leichten Haarausfall haben, aber nur wenn sie Männer sind. Wenn sie Männer sind, sollten sie gutsitzende graue Anzüge tragen, die am Rücken leicht verkrumpelt sein können, dazu Hemd und teure Schuhe. Die oberen beiden Knöpfe dürfen geöffnet sein, auf eine Krawatte können sie verzichten. Es geht auf keinen Fall, daß sie jemals in Zusammenhang mit zwielichtigen Partyveranstaltern gebracht werden; und wenn dies geschieht, werde ich ihnen fortan kein Wort mehr glauben, und wenn sie die Namen von serbischen Provinzstädtchen noch so fehlerfrei aussprechen. Ehrlich gesagt, so wichtig ist mir das Sprechen bei Nachrichtensprechern gar nicht. Besser »Bundestag« mit gelispeltem »s« als in der Öffentlichkeit über den Sex mit einer Schlagersängerin zu reden. Besser Spuckefäden ziehen beim Wort »Steuerreform« als mit Jenny Elvers und Dieter Bohlen beim Feiern erwischt zu werden. Und jetzt auch noch Randale im Stadion? Nichts gegen Herrn Riewa. Es gibt sicherlich Menschen, die weniger als er dazu geeignet wären, die Nachrichten zu sprechen. Nur war von denen noch keiner im Fernsehen zu sehen.

Brauchen wir mehr Schnee?

PRO

Weiß und weich zugleich

Claudius Seidl

Weihnachten ist das Fest der Arbeitsteilung. Draußen nieselt es, und die Temperaturen pendeln sich bei elf Grad plus ein. Und drinnen, auf den Fernsehschirmen hüpfen dumme Menschen mit glücklichen Gesichtern durch Landschaften, wie man sie in der Wirklichkeit noch nie gesehen hat, durch mehlig weiße Wälder, über zuckrige Straßen und Felder, und alle tun, als ob es kalt wäre, und am Schluß verraten sie, daß man in solchen weißen Kulissen am liebsten Erdinger Weißbier trinkt und Ferrero Küßchen nascht. Außerdem spielt dort ein unsichtbares Orchester nonstop entweder »Jingle Bells« oder »White Christmas«. Was ist das, fragen die Kinder dann ihre Eltern, wo liegt das Land, das über und über mit Mehl und Zucker vollgekleckert ist? Und die Eltern antworten: Das ist Schnee, Kinder, so sieht Wasser aus, wenn es schon in der Luft gefriert. Na ja, müssen sich da die Kinder denken, die spinnen, unsere Eltern: Offenbar gehört Schnee zu den Dingen, die es ausschließlich im Fernsehen gibt – Dinge wie der Bätschler und Bernd, das Brot, oder eben Erdinger Weißbier, Carolin Reiber und die große Weihnachtsparade der Volksmusik. Den Schnee von gestern gibt es nur noch in der Erinnerung von uns Älteren, und der Schnee von heute wird nur dann beweisen können, daß es ihn gibt, wenn er endlich herunterfällt aus den Wolken, in großen, kalten Flocken, und dann liegenbleibt, zwanzig Zentimeter, dreißig Zentimeter, bis alles weiß ist und die Welt von unten leuchtet und man außer Schnee nichts mehr erkennen kann. Nicht mehr die schmutzigen Straßen Berlins und auch nicht die sauberen Fußgängerzonen unserer Kleinstädte und nicht mal die bayerische Staatskanzlei. Ich träume von weißen Weihnachten.

CONTRA

Schnee von gestern

Nils Minkmar

Im afrikanischen Fernsehen ist das ARD-Verkehrssicherheitsmagazin »Der siebte Sinn« sehr beliebt, besonders jene Ausgaben, in denen gezeigt wird, wie die teuren deutschen Autos im Schnee ganz und gar hilf- und planlos herumrutschen, ineinanderkrachen, die Fahrer erbost aussteigen und auf den Rücken fallen. Große Lacher gibt das in Dakar und Umgebung, und zwar zu Recht, denn von den vielen lächerlichen Naturphänomenen (sprutzelnde Geysire, wabernde Vulkane, herabfallende Eisstückchen) ist der Schnee das lächerlichste, leider auch das tückischste und tödlichste. Schon farblich ist Schnee ein böser Witz: Das Klinikweiß, in dem alle aussehen wie Zombies, ist in zivilisierten Gegenden überhaupt nicht durchzuhalten, nach wenigen Minuten hat man ein schmieriges Braun oder ein gruseliges Grau, einen kalten Schleim, der für Kinder und kleine Hunde giftig sein kann und eine tödliche Unfallgefahr darstellt, eine leise rieselnde Killerschmiere, die unsere Senioren zwingt, wochenlang bei staubigen Spekulatius in ihren Wohnungen auszuharren. Allzu viele andere verstehen Schnee als Signal für komplette Wahnsinnstaten (Hüttenabende! DJ Ötzi!), danach rasen sie volltrunken auf Brettern gegen Tannen, eine tolle Sache, die uns Milliarden kostet. »Gut, aber die Kinder«, sagen jetzt Personen ohne Sachkenntnis, die nie den stummen Horror in den Augen einjähriger Mädchen gesehen haben, die ganzkörperthermoverpackt auf einen wackeligen Schlitten gesetzt werden, von dem sie alsbald in eine nasse, kalte Masse stürzen, die sie entsetzt ausspukken und vergeblich unter ihren Fäustlingen zu entfernen versuchen, während frierende Erwachsene ihnen voller Schadenfreude mitteilen, daß dies gerade der schönste Moment ihrer Kindheit ist.

Sind Bücher gut für uns?

PRO

Alles restlos ausbuchen!

Peter Richter

Sie hätten mal lieber noch ein paar Bücher mehr in den Tornister packen sollen, die deutschen Soldaten, die angeblich mit Hölderlin in den Ersten Weltkrieg zogen. Und dafür ein paar Patronen weniger. Denn mit einem Buch kann man zwar prima eine Mücke oder einen Käfer totschlagen, aber nur mit sehr großer Mühe einen Franzosen. Große Teile der Welt sähen heute aufgeräumter aus, wenn immer alle lesend in ihren Gräben hocken geblieben wären. Ganz egal, ob mit einem sogenannten guten Buch oder einem schlechten: Hauptsache leise und jeder für sich und ohne auf die irrsinnige Idee zu kommen, den literarischen Aufwallungen irgendwelche Taten in der Wirklichkeit folgen zu lassen. Deshalb ist es auch so wichtig, daß fortwährend neue Bücher erscheinen. Ziel einer friedenserhaltenden Kanonenbootpolitik muß es sein, Literaten, Leser und Literaturkritiker durch ständigen Nachschub innerhalb der Literatur zu belassen und von gefährlichen Eingriffen in die laufenden Geschäfte des Lebens abzuhalten. Apropos Geschäfte und »Make Love not War«: Frauen fürs Leben findet man mit größerer Wahrscheinlichkeit im Buchgeschäft als dort, wo es Fernseher gibt. Auch wenn die Frau aus dem Buchgeschäft dann vielleicht doch nicht ganz so aussieht wie damals Audrey Hepburn, die unnachahmlich vor Bücherregalen stehen konnte (was einerseits wiederum für, aber eigentlich erst recht gegen das Fernsehen spricht). Wahrscheinlich läßt einen so eine Bücherfrau aber wenigstens später in Ruhe: Sie will bestimmt im Bett lieber noch was lesen. Während dessen kann man ihre Mitgift bei ganz außerliterarischen Abenteuern durchbringen. Das ist klug, man fühlt sich hinterher besser, und alle sind glücklich.

CONTRA

Lesen, lesen, sei's gewesen

Claudius Seidl

Drei Gründe, so sagen die Freunde der Literatur, drei Gründe gebe es, warum wir lesen sollten: Bücher machen uns erstens zu besseren, zweitens zu klügeren und drittens auch zu glücklicheren Menschen, und wer nicht liest, wird dumm davon und böse und letztlich traurig. Das ist natürlich schon deshalb Quatsch, weil deutsche Soldaten, wann immer sie mal wieder aufbrachen, um fremde Länder zu zertrampeln, mindestens ein sogenanntes gutes Buch im Tornister hatten. Und wenn Bücher uns wirklich klüger machten: Warum eigentlich sind wir dann, nach etwa 3000 Jahren Literaturgeschichte, noch immer so dumm? Und warum so unglücklich? Machen wir uns nichts vor: Die Wende zum Besseren kam erst, als die Leute damit begannen, mehr fernzusehen und weniger zu lesen. Also vor ungefähr vierzig Jahren. Wer amerikanische Serien, französische Filme, britische Comedy aus dem Fernsehen kennt, dem kann keiner mehr vormachen, daß Amerikaner, Franzosen oder Engländer am deutschen Wesen genesen müßten. Umgekehrt, so haben wir inzwischen gelernt, wäre es weitaus besser. Und wenngleich in den Büchern die Zahlen, Daten, Fakten sehr genau beschrieben werden: Man muß New York, Los Angeles oder Rio mal im Kino oder Fernsehen angeschaut haben, um zu wissen, wie es dort aussieht. Ich jedenfalls brauche keinen Poeten, der von der Farbe eines fremden Himmels schwärmt. Ich will ein Fernsehbild, das mir zeigt, wie die Wolken über der Karibik hängen. Der Informationsgehalt eines einzigen Kinobildes, digitalisiert und sauber in Bytes zerlegt, ist höher als der der Bibel, weshalb es sich empfiehlt, Bibelverfilmungen endlich ernster zu nehmen. Lesen ist vor allem gut gegen Schlaflosigkeit.

Brauchen wir die Gewerkschaften?

PRO

Die schnellen Brüder

Nils Minkmar

Immer wenn Dieter Hundt, Hans-Olaf Henkel und andere Unternehmer, Banker oder Chefvolkswirte im Fernsehen über das überzogene Anspruchsdenken der Arbeitslosen und Sozialhilfeempfänger und die soziale Hängematte reden, ist mir das peinlich. Ich finde, sie benehmen sich schlecht, weil sie persönlich soviel mehr Geld zur Verfügung haben als jene Armen, denen sie immer einreden, sie seien schuld an der Misere der Wirtschaft – und nicht etwa die Wirtschaftsbosse. Ich spüre da noch ein moralisches Überbleibsel aus den Zeiten der Schulhofgefechte: Schwächere darf man nicht ärgern. Reiche, erwachsene Männer sollten nicht Witwen, Waisen und Rentner zu noch mehr Verzicht aufrufen, was sie aber seit fast zehn Jahren jeden Tag tun, bis selbst manche Sozialdemokraten es ihnen nachsprechen. Was tat man in solchen Fällen auf dem Schulhof? Man rief den großen Bruder und dessen Freunde. In Deutschland sind das die Gewerkschaften. Und weil die Zumutungen so groß sind, sind die Gewerkschaften so stark, es sind sogar die stärksten der Welt: Schulhofdialektik. Darum tragen die Gewerkschaftsführer so offen und arrogant ihre Macht zur Schau, fahren dicke Autos und starten mit einem Fingerzeig die ärgsten Streiks und Demos, weil sie immer zeigen müssen, daß sie jeder Unverschämtheit von oben (Streichung der paar Sterbegeld-Kröten) lokker eine noch größere Unverschämtheit (Trillerpfeifen gegen den Bundeskanzler) entgegensetzen können. Gewerkschaftsbosse müssen daher gnadenlose Machtmenschen sein, neben denen sich ein Jürgen Schrempp ausnimmt wie ein depressiver schwäbischer Yogalehrer. Es gab schon Zeiten, lange her, da taten sich beide Seiten zusammen: Das ging vielleicht ab.

CONTRA

Prüder zur Sonne

Claudius Seidl

Das Dumme an den Gewerkschaften ist ja nicht, daß es sie gibt, sondern daß sie so sind, wie sie sind. Also so, wie sich ihre Mitglieder und Sympathisanten beispielsweise am 1. Mai benahmen, als der Bundeskanzler zu ihnen sprechen wollte, was er auch tat; nur gehört wurde er nicht, weil die Gewerkschaftler damit beschäftigt waren, mit ganzer Lungenkraft in Trillerpfeifen zu blasen oder bis zum Heiserwerden »Aufhören! Aufhören!« zu brüllen – beides Tätigkeiten, welche, wenn sie ein Arbeitgeber angeordnet hätte, ganz sicher am Betriebsrat gescheitert wären: zu ungesund für die Lungen, zu hoher Lärmpegel am Arbeitsplatz, und die Belastung der Stimmbänder hätte sofort den Betriebsarzt alarmiert. Brüder, wollte man da fragen, ist das die Freiheit, für welche eure Urgroßväter noch ins Gefängnis gegangen sind: die Freiheit, statt der Argumente des Bundeskanzlers nur Pfeifen und Geschrei zu hören? Prüder, dachte man sich, prüder geht es ja nicht, als wenn Leute sich vor dem Gefährlichen, dem Unbekannten so sehr fürchten, daß sie es weder sehen noch hören wollen. Daß die Vergangenheit dunkel und die Zukunft um so heller sei: So heißt es in der Hymne der Gewerkschaften, die auch heute noch gern gesungen wird. Aber vermutlich hört keiner zu, weil das viele Pfeifen die Trommelfelle so heftig beschädigt hat. Schade eigentlich, wo es doch die Gewerkschaften waren, die uns, mit Marx, versprochen haben, daß dereinst, wenn die Produktionsmittel nur weit genug entwickelt seien, ein jeder tun und lassen könne, was er wolle, derweil die Maschinen die Drecksarbeit machten: jagen, fischen, kritisch sein. Vom Pfeifen war da nicht die Rede, vom Tanzen nach der Pfeife der Gewerkschaften erst recht nicht. Sommer unseres Mißvergnügens.

Sollen wir uns über die Zeitumstellung freuen?

PRO

Wer die Stunde schlägt

Nils Minkmar

Es ist diese Geste, eine delikate Bewegung der Finger, die süchtig macht. So gefährlich und brandheiß ist dieses Gefühl, mit vollem Recht an der Uhr drehen zu dürfen, daß man es dem Zeitvolk nur zweimal im Jahr gestattet. Sonst würde es verrückt und ließe sich nichts mehr sagen. Wenn sich die Zeit so einfach umstellen läßt, könnte es sich fragen, was läßt sich dann noch alles verändern? So läßt man es nur eine Sekunde im Rausch der reinen Omnipotenz! Aber diese Sekunde hat es doch wirklich in sich: Noch im Bett stellt man die Uhr um und singt voll sardonischer Freude den Paulchen-Panther-Titelsong »Wer hat an der Uhr gedreht?« In diesem Augenblick darf man sich allmächtig und unbesiegbar fühlen. Das gilt vor allem im Herbst, wenn auch die drängendsten Termine eine Stunde stillstehen und warten müssen, weil man an der Uhr gedreht hat. Im Frühjahr hingegen muß alles schon eine Stunde früher parat sein, und man kann der aufgehenden Sonne guten Gewissens ein entschlossenes »Jetzt aber zack zack!« entgegenschmettern. Über Kontinente hinwegfliegen, jeden Geschwindigkeitsrekord brechen, das darf heute jeder immerzu. Aber die Zeit zu manipulieren ist das letzte wirkliche Herrschaftsprivileg. Jeder Despot der Geschichte, der diesen Namen verdient, hat ein wenig am Kalender rumgebastelt: Monate umbenannt, Montage gestrichen oder eine zweite Erntezeit dekretiert. Heute versuchen viele, diese Position zu usurpieren, indem sie »lange Nächte« oder »lange Samstage« ausrufen, fürs Museum, fürs Einkaufen oder für die Wissenschaft. Dabei stellt sich der wahre Genuß an neuer Zeit nur dann ein, wenn man sich an die Philosophen hält und eine Stunde lang tut, was Heidegger rät: Sein. Sechzig Minuten sein.

CONTRA

Verstellt euch nicht!

Anne Zielke

Es stiftet nur Verwirrung. Freundliche Menschen nerven mit der Frage, ob die Uhren schon umgestellt sind oder doch erst nächstes Wochenende; Betreuer von Computernetzwerken stellen sie schon vier Tage vorher um, damit sie es am Tag selbst auf keinen Fall versäumen, was, wenn man der Uhr im Computer vertraut, zum vermeintlichen Sitzengelassenwerden bei Terminen führt und schnell auch zu einem Weltkrieg. Was nicht so schlimm wäre, wenn nicht hinter der Sache mit der Stunde im verborgenen soviel feindliche Systematik steckte. Die gleiche Art von Betrug findet man beispielsweise in E-Mails, die versprechen, daß man beim Weitersenden an eine Adresse mit der Domain .ru oder .co oder an Microsoft binnen einer Woche einen Betrag von zehntausend Euro überwiesen bekommt. Das Prinzip ist immer dasselbe: Senden Sie Sendungsbewußtsein, dann gibt's Geld; nehmen Sie fünfhundert Gramm Wurst, dann kriegen Sie fünf Gramm dazu, und auch: Leben Sie vierundzwanzig Stunden, dann bekommen Sie eine gratis mit. Sie müssen nur Ihre Uhr umstellen und ein bißchen daran glauben. »Eine Stunde mehr« – das ist ein lügenhaftes Versprechen und nachgerade systematische Irreführung, und man wundert sich fast, daß man so eine Forderung – »Eine Stunde mehr für alle!« – nicht als politische Priorität in den Wahlprogrammen der Regierungsparteien gefunden hat; sie hätte dort immerhin sehr gut neben dem Versprechen gestanden, keine Steuererhöhungen vorzunehmen. Von denen, die dennoch an die geschenkte Stunde glauben, wollen es sich die meisten gern ganz genau überlegen, wofür sie dieses Stündchen nutzen könnten. Was meistens nicht nur eine, sondern oft sogar zwei Stunden dauert.

Gehört die Türkei zu Europa?

PRO

Bayern liegt in Asien

Claudius Seidl

Europa, so hat es der humanistisch gebildete Ministerpräsident aus dem insgesamt so humanistischen Bayern am Freitag gesagt, Europa habe geographische und kulturelle Grenzen, und die Türkei, welcher er, Edmund Stoiber, sich durchaus freundschaftlich verbunden fühle, gehöre eben nicht dazu. Was die Geographie angeht, scheint der Bayer durchaus recht zu haben – immerhin liegt der größte Teil der Türkei auf einer Halbinsel, die nicht ganz zufällig Kleinasien heißt. Andererseits heißt, nur zum Beispiel, Klein-Istanbul ja vor allem deshalb so, weil es nicht in Istanbul, sondern in Kreuzberg liegt. Was allerdings die Kultur Europas angeht: Da lernt man, besonders schön an bayerischen Gymnasien, daß einige ihrer wichtigsten Erkenntnisse aus kleinasiatischen Städten kommen, die damals Milet, Ephesos und Antiochia hießen. Auch das Konzil von Nizäa, an das sich der Katholik Stoiber ganz sicher noch erinnern kann, ist ja eher ein Datum der europäischen als der asiatischen Geistesgeschichte. Moment, denkt sich da der Verteidiger des Abendlandes: Da stimmt doch etwas nicht. Das war doch zu der Zeit, da die Türkei noch nicht von Türken, sondern, unter anderen, von Griechen bewohnt war, unseren Brüdern im europäischen Geist. Wogegen die Turkvölker erst viel später kamen, wilde Horden aus den Steppen Vorderasiens. Das mag ja stimmen, so ungefähr, ist aber für Bayern als Argument nicht tauglich. Denn wir Bayern, so erzählt man nachts an den Lagerfeuern, wir stammen ja auch nicht von den Germanen ab, sondern vom Troß der römischen Legionen, von libyschen Köchen, syrischen Haarauszupfern und kleinasiatischen Marketenderinnen. Dürfen wir trotzdem in Europa bleiben?

CONTRA

Wir sind schon alle Europäer

Harald Staun

Spätestens wenn irgendwann die ganze Welt zur EU gehört, wird man vielleicht merken, daß es einmal ganz nett war in einer Welt, in der nicht alles an Brüsseler Normen gemessen werden mußte. Als Schengen noch ein kleiner Ort in Luxemburg war, konnte man nämlich zum Beispiel noch in ein anderes Land fahren, in den sogenannten Urlaub, und alleine die Tatsache, daß dort nicht nur die Menschen anders aussahen, sondern auch die Joghurtbecher, entschädigte für die Strapazen der Reise. Bald aber soll auch die Türkei aussehen wie ein internationaler Flughafen, und selbst die ressentimentbeladensten deutschen Badeschlappenträger würden sich darauf freuen, in Antalya ihre Teppiche, die sie später zu Hause auf den Teppichboden legen, endlich auch in Euro bezahlen zu können. Nachdem die Durchdönerisierung der Innenstädte ohnehin schon nahezu abgeschlossen ist, ist daher weit weniger der Einfall der Osmanen nach Europa zu befürchten als umgekehrt die Ausweitung der Nichtraucherzone zwischen Ankara und Istanbul. Man muß nur nach Italien fahren, um festzustellen, wie nachhaltig die EU allen kulturellen Differenzen ein Ende setzt. Daß dort auf einmal Autofahrer gehorsam an roten Ampeln anhalten, ist vielleicht verkehrspolitisch keine Katastrophe – aber wenn selbst italienische PS-Protze nur noch die EU in den Köpfen haben, wem kann man dann noch zutrauen, gegen Bürokratie immun zu sein? Mal ganz abgesehen davon, daß es ein Irrglaube ist, daß man nur Mokka durch Cappuccino ersetzen muß, um einem Volk seine Menschenrechtsverletzungen auszutreiben: Die Türkei ist schon heute nur noch die Light-Version des Orients. Die EU ist der Filter, der auch noch den letzten Geruch der Wasserpfeifen absorbiert.

Braucht Deutschland eine Revolution?

PRO

Gott segne Amerika!

Claudius Seidl

Es ist schon ein paar Jahre her, daß Karl Marx die folgenden Sätze schrieb, aber vermutlich stimmen sie noch immer: »Wir haben die Restaurationen der modernen Völker geteilt, ohne ihre Revolutionen zu teilen. Wir wurden restauriert, erstens, weil andere Völker eine Revolution wagten, und zweitens, weil andere Völker eine Konterrevolution litten.« Wobei man den Begriff Revolution, einerseits, nicht so eng sehen darf, und andererseits eben doch. Sprechen wir nicht von der Französischen Revolution, die erst Robespierre und dann Napoleon hervorbrachte. Sprechen wir von der amerikanischen. Der linksliberale Europäer hält die Amerikaner ja gern für Reaktionäre – um dann doch zu partizipieren an der sexuellen, der digitalen, der ökonomischen Revolution, an Umstürzen also, die nicht nur alle von Amerika ihren Ausgang nahmen, sondern wohl auch damit zusammenhängen, daß die Ursprungsrevolution, die von 1776, gelungen ist. Es herrscht dort immer eine revolutionäre Situation, und wenn es nicht so arg viel zu meckern gibt über Institutionen und Herrschaftsform, dann wird eben was anderes revolutioniert. Das geriatrisierte Deutschland braucht also ganz dringend eine Revolution – fragt sich nur, gegen wen die sich richten soll: gegen Schröder oder Stoiber? Naja. Wir müssen erst mal eine vorrevolutionäre Situation schaffen. Das geht so: Erst kommt das Stadtschloß wieder, dann die Monarchie, damit es jemanden gibt, den man stürzen kann. Vorher darf der Monarch all jene Prachtbauten in die Landschaft stellen, für welche es der Demokratie an Entschlossenheit mangelt. Und am Schluß stellt sich einer auf den Balkon des Schlosses und verkündet den Umsturz. Dann wird das Schloß gesprengt, und es geht von vorne los.

CONTRA

Abendbrot der Geschichte

Georg Diez

Die Deutschen, das muß man ihnen lassen, haben noch jede gute Idee derart in den Boden gerammt, daß nicht besonders viel davon übrigblieb. Und manche Ideen fanden sie einfach so gut, daß sie sie am liebsten gleich der ganzen Welt geschenkt hätten. So spielten sie den Steigbügelhalter für ein wenig Abwechslung im kalten russischen Winter und schickten einen Herrn Lenin, der damals noch gar kein Genosse war, im Eisenbahnwaggon nach Osten – und als der ganze revolutionäre Spaß dann wenig später plötzlich vor der eigenen Tür stand wie ein hungriger Halbbruder, den man 30 Jahre lang nicht gesehen hatte, da waren sie doch peinlich betreten und taten nur ganz kurz so, als wollten sie bei dem Spiel mitmachen. In Wirklichkeit war ihnen die ganze Sache ziemlich unheimlich: Mit Ideen kannten sie sich ja verblüffend gut aus, nur mit der Realität, da hatten sie so ihre Probleme. Sie redeten lieber, als daß sie handelten, und da hat sich nicht viel geändert in den letzten 1000 Jahren. Es ist ein Extremismus des Mittelmaßes, mit dem sich die Deutschen deshalb die Zeit vertreiben, die andere Völker damit zubringen, die Dinge vom Kopf auf die Füße zu stellen oder wieder zurück, ganz nach Sicht der Dinge. Als die Franzosen damals mit ihrem Unsinn anfingen, da merkte zwar ein Herr Goethe kurz an, daß von nun an nichts mehr so sein würde, wie es gewesen war – der 11. September von Valmy war aber für ihn wie für fast alle seiner Landsleute nur ein weiterer Beweis dafür, daß die Weltgeschichte funktioniert wie ein löchriges Sieb; und es ist an den Deutschen, diese Löcher zu stopfen mit ihrem bodenständigen Idealismus. Die einzige Revolution, für die die Deutschen geeignet wären, ist die, bei der man rechtzeitig zum Abendbrot wieder zu Hause ist.

Ist der Zivildienst eine wichtige Erfahrung?

PRO

Gute Russen

Niklas Maak

Ich war Umwelt-Zivi. Bei der Umweltbehörde in Hamburg. Ich war für das Umweltsorgentelefon, die Heide und den Wald zuständig. Alte Damen riefen an und sagten: »Die Pappel steht schiefer im Garten als sonst!« Ich fuhr nach Bergedorf, die Pappel war schief, weil sie schief gewachsen war, und die alte Dame froh, daß endlich mal einer kam und ihr bei Streuselkuchen und Cognac Gesellschaft leistete und über den schiefen Charakter von Pappeln sprach. Ich sägte im Duvenstedter Brook morsche Bäume um und hörte ein grauenhaftes Röhren hinter den Tannen; das, sagte der Flurwart, seien die Göring-Hirsche. Man hatte 1935 Karpatenhirsche ins norddeutsche Wild eingekreuzt, weil sie größere Geweihe bekommen und langsamer laufen und weil Göring, der kein sehr guter Schütze war, sie besser treffen konnte; und weil die Tierwelt nicht entnazifiziert wurde, leben sie noch heute. Ich fuhr mit einem Behörden-Jeep mit sehr breiten Reifen durch die Fischbeker Heide und rief Dackelbesitzern durch ein Megaphon zu, sie mögen den Dackel bitte an die Leine nehmen, die Pfoten machten die Heide kaputt! Ich fuhr zum staatsbürgerlichen Lehrgang ins ostfriesische Potshausen, das aus zehn Bauernhöfen, einer Zivischule und einem Heim für schwererziehbare Jugendliche bestand. Ein Zivi küßte die schönste Schwererziehbare und kam mit gebrochener Nase zurück. Ein arbeitsloser Lehrer aus Detmold sang uns nazikritische Udo-Lindenberg-Lieder vor. Draußen standen nasse Kühe in regenweichen ostfriesischen Wiesen. Zum internationalen Umweltcamp kamen dann ein paar nette Russen aus Twer und Kazan und tranken mit den Bergedorfer Omis den Cognac leer, und sie waren nicht so schlimm, wie man sie sich in der Kaserne gegenüber vorstellte.

CONTRA

Böse Russen

Claudius Seidl

Ich will dienen, habe ich damals zu den Leuten vom Kreiswehrersatzamt gesagt, ich will mich nicht drücken, ich will nichts zu tun haben mit diesen Leuten, die behaupten, sie würden lieber zusehen, wie ihre Freundin vergewaltigt wird, als daß sie den Abzug drükken würden. Ich will schießen, habe ich gesagt, am liebsten natürlich auf den Russen, wenn er kommt, er steht ja praktisch vor der Tür, da muß man vorbereitet sein. Ich werde nicht meckern, habe ich gesagt, wenn Sie mich bei minus 40 Grad durchs Gelände robben lassen, mit drei Zentnern Steinen als Gepäck, und wenn ich die Latrinen putzen muß, werde ich höchstens danke sagen. Ich freue mich schon auf die Grundausbildung, ich sehne mich nach dem Geschrei der Unteroffiziere, nach blanken Stiefeln in meinem Gesicht, nach der Hölle, durch die ich wohl gehen muß. Denn danach, habe ich den Leuten erklärt, danach will ich mein Land verteidigen, mit dem größten Gewehr, das sie haben, oder, wenn es natürlich eine Kanone sein dürfte, wäre mir das noch viel lieber, und vielleicht, wenn ich mich nicht allzu dumm anstelle, darf ich ja auch mal einen Bomber fliegen, das wäre freilich das größte Vergnügen, gleich Hunderte von Feinden zu erledigen, Tausende sogar, man weiß ja, daß der Russe, wenn er kommt, da über schier unendliche Ressourcen verfügt. Ich kann gar nicht verstehen, habe ich gesagt, daß junge Männer lieber Rollstühle durch die Gegend schieben oder Kantinenessen ausgeben oder alten Leuten ihren Magermilchquark zubereiten. Dafür, habe ich gesagt, gibt es doch Fachpersonal, als junger Mensch muß man doch ambitionierter sein, gerade wenn der Russe an unseren Grenzen steht. Tut uns leid, haben sie gesagt, wir können Sie nicht nehmen.

Ist Udo Lindenberg noch tragbar?

PRO

Hut ab!

Claudius Seidl

Vermutlich ist Lyrik die reinste Glückssache (die reinste Unglückssache ist sie sowieso) – und die Inspiration muß man sich wie einen Blitz vorstellen, der hineinfährt in einen Kopf und denselben für eine Weile elektrisch auflädt; und wenn die Spannung wieder nachläßt, ist der Kopf ein bißchen ramponiert, und der dazugehörige Mensch geht, wie einst Arthur Rimbaud, als Sklavenhändler nach Afrika, oder er bleibt in Tübingen und wird nur schwermütig, wie einst Hölderlin. Und insofern muß man ja direkt dankbar dafür sein, daß Udo Lindenberg seinen Anfall von Poesie halbwegs gesund überstanden hat. Es stimmt schon, der Mann nervt ungeheuer, und er nervt seit Jahren, und wenn er mit seinem komischen Hut und seiner dunklen Brille über die Bühne hupft, dann ist diese Lindenberg-Karikatur natürlich der schlimmste Feind von Udo Lindenberg, dem Genie. Genau das war er nämlich, für einen kurzen Moment der Geistesgeschichte, in jenen längst vergangenen, ehemaligen siebziger Jahren, als er nicht nur Liga auf Tiger reimte, sondern auch, praktisch als erster, die Popbefähigung der deutschen Sprache bewies. Okay, es war eigentlich immer wieder der gleiche Tango, den er da spielte und als Rock 'n' Roll verkaufte; und die Variationsbreite seiner Verse war auch ein bißchen beschränkt. Aber, verdammt, dafür hatte er meistens recht: »... das mit dem Lottogewinn, das haut ja doch nicht mehr hin, komm, Weib, mach meine Koffer klar! Ich hau jetzt ab nach Paris, da ist das Leben so süß, da trink ich Sekt im Alcazar und tanze Cha-Cha-Cha.« Mann, Udo, möchte man sagen, wenn man so etwas wiederhört und dabei naß in den Augen und blaß um die Nase wird, Mann, Udo, werden sie endlich wahnsinnig! Sonst klappt das nicht mehr mit dem Nachruhm!

CONTRA

Mund zu!

Volker Weidermann

Nein, nein, das haben Sie sich jetzt gedacht, daß ich es mir hier ganz leicht machen und einfach auf den lächerlichen Hut verweisen würde, den Anzug, die Brille, das unverständliche Gebrabbel, mit dem er jeden Versuch eines anständigen Interviews umgeht. Aber nein. Hier wird sich schön sauber mit der Lyrik Lindenbergs beschäftigt. Seiner Lyrik, die in diesen Tagen eine große Odyssee erlebt. Eine Odyssee? Ja. »Das ist die Odyssee, Odyssee – und keiner weiß, wohin die Reise geht / Odyssee, Odyssee – weil der Wahnsinn am Steuer steht.« Gut, es gab auch die Sache mit Kralle, und den machen sie jetzt alle, denn »die Macker-Macho-Zeiten sind rum / geh in die Wixelstube, tausch' deine blöden Sprüche um«, denn wir singen »Kralle, Kralle, Kralle, und jetzt machen sie dich alle / Deine Zeiten sind jetzt rum«. Nicht so die von Udo. Die kommen erst noch, die Zeiten. Morgen, übermorgen, sehr, sehr bald: Denn »er hat uns klargemacht / hell ist der Tag und dunkel die Nacht / wir sind die Jünger – wir sind die Kunden, er hat das Rührei des Kolumbus erfunden / wir waren ja so blind – jetzt können wir sehen / wir können übers Wasser gehen.« Und das nur wegen Udo, dem Großen. Dem Dichter des Wahnsinns und der geistigen Nacht. Und wir singen: »Hey – reich' mir den Weihrauchtopf / räucher' mir mein Herzchen rein und erleuchte mir den Dröhnekopf / zu allen Fragen, die uns bedrängen / der Meister läßt uns niemals hängen / zu allen Fragen dieser Zeit / hat er den genitalen Spruch bereit / Hare Hare – Rama Rama / und der Guru ist kein Armer / Heyooh. – Ja wenn schon denn schon, denn schon dann schon / denn wer weiß, ob, und wenn, dann wann schon / gibt's noch mal so'n Prophet / der immer weiß, wie's weitergeht … Heyoooh!«

Brauchen wir das Deutsche als Amtssprache?

PRO

Deutschland dem Deutschen

Peter Richter

Das beste Deutsch ist Sächsisch: Im Namen wie in der Praxis dreht es sich ganz um jenes Ä, das Stoiber sehr richtig als das eigentliche Juwel unserer Sprache erkannt und freigestellt hat. Er stammelt also nicht, er zollt Respekt. In dem brüchigen, auf der Suche nach dem Sinn der eigenen Worte in der Tiefe sich verlierenden Deutsch Stoibers hat die Sprache, die Luther als Meißner Kanzleisächsisch den Latinos entgegengewuchtet hat, woraufhin Wilhelm II. mit den berühmten Worten »Ich kann kein Latein mehr, ich kann nur noch Deutsch« ihnen noch das berühmte Wort »Blitzkrieg« hinterhergeschickt hatte, endlich die Klarheit des geschachtelten Denkens wieder. Hier stehen die Politiker nun und können nichts anderes als Milchmädchenrechnungen und Mogelpackungen bei den Leuten vor Ort im Vorort verorten und verworten. Verantworten ist das, was Stoiber beim Antworten tut, wie er auch beim Wechseln der Gesprächspartnerinnen deren Namen verwechselt. Denn das sind Nebensächlichkeiten, wenn die Tätigkeitsworte wollen, müssen, werden sitzen, und das fragmentarische Gestocher in den nicht zu Ende gebrachten Sätzen verhält sich wenigstens ehrlich zu einer Welt, in der es klare, gerade Aussagesatzwahrheiten nicht mehr gibt. »Im übrichen«, bemüht sich ja auch Schröder um volksnahe Verschluderung, weil Akzentlosigkeit irgendwie Profillosigkeit ist. Als Amtssprache spricht dieses Sprechen Bände, und zwar gegen den polyglotten Anglizismus: Nie wieder darf ein Politiker mit Miles&Bore-Karte in einen Flieger steigen. Allenfalls, wenn er gleichgeschlechtlich orientiert ist: auf einen solchen. Politisch kindgerechter ist Bildzeitungsdeutsch: Ist nach Rudi Haudi Saudi jetzt Ede Petete das, was Gerd plärrt?

CONTRA

Deutschland dem Pidgin

Anne Zielke

Vermutlich ist es ganz gut, daß, gesamtgesellschaftlich gesehen, die Gerontokratie auf dem Vormarsch ist. Statt irgendwelchen jugendwahnsinnigen, forschoptimistischen Selbsterfindungslügen nachzuhängen, die auch die Börse längst bestraft hat, besinnt man sich endlich wieder auf so stabilisierende Werte wie Erfahrung. Und die lehrt beim Blick auf die deutsche Geschichte, daß unsere Vorfahren sich schon etwas dabei gedacht haben müssen, als sie an Latein und später Französisch als Amtssprache festhielten. Das Mißtrauen gegenüber einer unnötigen Erheiterungsprosa, die nicht einmal, wie etwa die französische Sprache, zwischen »sensation« und »sentiment« unterscheiden kann und wo sich »Gefühl« auf »Gestühl« reimt, ist auch heute noch nachvollziehbar. Vor allem in der Praxis: Wenn sich Edmund Stoiber im dornigen Gestrüpp seiner Gedanken und der deutschen Sprache verheddert und es nach einem entschlossenen »Ä« zerkratzt weitergeht, dann sehnt man sich nach der wenigstens klanglichen Klarheit von Latein. Oder zumindest nach einer Sprache, die man versteht und die, natürlich, auch von allen Kanzlerkandidaten erlernt werden kann. Bleibt also nur eine Alternative – das Pidgindeutsch. Und warum nicht gleich in vielen Versionen: Hauptsache, das politische Bekenntnis zur Vielheit wird auch konsequent sozialidiomatisch verwirklicht. Die Wirtschaft müßte nur ihren Input mit einem gesteigerten Import von Anglizismen erhöhen, aufpoliert mit ein paar sorbischen Sprachkleinodien, und für alle anderen bieten die Muttersprachler Erkan & Stefan Kurse in Kraßsprak an. Und wie das Idiom der Bildungsbürger aussehen könnte, hat Björn Engholm längst vorgemacht: Er hat beim Anstoßen immer »Proust« gesagt.

Sollen wir arbeiten, bis wir 80 sind?

PRO

Altern macht jünger

Claudius Seidl

Wer sich heute Sorgen um die Rente macht, sollte sich lieber nicht an Ulla Schmidt erinnern, sondern ausnahmsweise die Gedanken auf Sharon Stone konzentrieren, die nicht nur hübscher ist, sondern auch in allen einschlägigen Intelligenztests ganz leicht den Wert von 150 Punkten schafft. Vor allem aber ist Mrs. Stone nicht mehr die Jüngste; sie wird im nächsten Frühjahr 45 Jahre alt – und sie macht dabei nicht den Eindruck, als wollte sie sich demnächst zurückziehen aus dem Rollenfach der schönen und begehrenswerten Frauen. Auch Julianne Moore, Michelle Pfeiffer, Rene Russo und Jodie Foster, die alle den vierzigsten Geburtstag schon hinter sich haben, spielen heute die Rollen, die noch vor einer Generation für die Sechsundzwanzigjährigen reserviert blieben. Was uns angeht, die wir womöglich nicht so schön wie Sharon Stone sind: So jung wie sie sind wir allemal. Dem gefühlten Alter nach ist Fünfzig das neue Dreißig – die ganze Lebenskurve hat sich dramatisch verschoben; und so richtig hat das noch niemand bemerkt. Alle mekkern, daß die Pubertät heute bis zum 35. Lebensjahr hinausgezögert wird: Wo bleibt aber die Freude darüber, daß so einer, der mit 36 dann erwachsen wird, sich mit 66 garantiert zu jung für die Rente fühlt? Der alte Hegel, der die Menschheit immer reifer werden sah, hatte keine Ahnung, wohin die Reise geht: Wir werden immer jünger. Und wir sollten ganz schnell die Konsequenzen daraus ziehen: Wahlrecht erst ab 30, mit 40 gibt's dann den Führerschein, und wer mit 50 sein Studium noch nicht abgeschlossen hat, wird exmatrikuliert. Natürlich muß so einer dann arbeiten, bis er 80 ist, weil wir sonst die Renten für die vielen Hundertjährigen nicht zahlen können. Ist es nicht herrlich, jung zu sein?

CONTRA

Jünger des Alters

Anne Zielke

Die Sprache ist klüger als der Sprecher, denn manchmal ist in der Beschreibung eines Ist-Zustandes unversehens der Idealzustand verborgen. In Lateinamerika etwa bezeichnet man das Rentnerdasein freudvoll als »Drittes Alter«. Wenn man hierzulande eine Lebenserwartung von achtzig Jahren zugrunde legt und es gerecht zugeht zumindest bei der Drittelung des Lebens, dann sollte man also spätestens mit 53,3 Jahren in Rente gehen. Natürlich, auf den ersten Blick scheint es sich anzubieten, bis ins hohe Alter zu arbeiten: Dank seniler Bettflucht würden sich bequem sämtliche Frühschichten besetzen lassen mit verläßlichen Meint-ihr-wirklich-mich?-AGs. Es wäre aber zugleich ein großes Mißverstehen der Geschichte unseres Kontinents. Unsere Vorfahren haben immerhin die Dampf- und alle anderen Maschinen deswegen erfunden, damit sie, lebensmakroperspektivisch betrachtet, schneller zu Hause sind. Dieser Gedanke ist äußerst schlau und solidarisch. So werden die knappen Arbeitsplätze endlich frei für die Nesthäkchen der Gesellschaft, die sich entfalten und selbst verwirklichen müssen – insofern ist ihnen heutzutage jene 100-Stunden-Woche nur zu wünschen, die wir statt einer Erhöhung des Rentenalters einführen sollten. Einwand: Wenn die Jungen so viel arbeiten müssen, wer hat dann Zeit zu konsumieren? Wer kurbelt die Wirtschaft an? Erraten. Hier erfüllen die Rentner ihre wichtige volkswirtschaftliche Funktion. Die allerdings ist ausbaufähig. Also bitte – für Anhänger des wohlverdienten Rentnerdaseins gilt: Wer alt wird, ist nicht automatisch jünger. Kämpfen Sie für die Senkung des Rentenalters auf 30. Man hilft so im übrigen auch der Regierung: Wenn alle Rentner sind, gibt es endlich keine Arbeitslosen mehr.

Brauchen wir mehr Patriotismus?

PRO

Unter Deutschen

Peter Körte

Nie war es so leicht, ein Patriot zu sein, wie heute, denn alles, was man tut, kann patriotisch sein – und das Gegenteil auch. Sogar unser Guido Westerwelle hat es schon aus eigener Kraft geschafft. Es ist ja auch ganz einfach: Man darf nur nicht »wie ein Karnickel auf die Schlange starren, ob irgendwo auf der Welt Wachstum entsteht«, sagt Angela Merkel; man müsse nur »aus eigener Kraft Wachstum generieren«. Aber im Grunde reicht es auch schon, den rot-grünen Reformplänen zuzustimmen, um seinen Patriotismus zu demonstrieren, sagt der Kanzler, der seinen Patriotismus im »schäbigen Rentenwahlkampf 1998« jedoch vergessen haben soll, wie ihm Westerwelle vorwarf. »Ein bißchen neuen Patriotismus« wünscht sich auch Laurenz Meyer, weil schließlich auch unsere Nicole mit ein bißchen Frieden sogar den Schlager-Grand-Prix gewonnen hat. Und wenn wir dem Fernsehaffen vor der »Tagesschau« folgen und nur noch T-Shirts und Trikotagen aus deutscher Produktion kaufen, ist auch das eine patriotische Tat, weil es Arbeitsplätze erhält. Und Bob Dylan wird endlich widerlegt, der einmal sang, Patriotismus sei die letzte Zuflucht, an die sich Schurken klammerten. Wir sind in Sachen Patriotismus eben »klar und deutlich aufgestellt«, um es mit Friedrich Merz zu sagen. Da braucht man sich auch gar nicht so anzustellen wegen einer Patriotismusdebatte auf dem CDU-Parteitag, von der dann hinterher besonders schlaue Menschen behaupten werden, die Debatte sei bereits der Patriotismus. Womit ganz zwanglos auch schon der überzeugendste Grund genannt ist, warum man heute einfach Patriot sein muß: damit einem der Debattenpatriotismus der Patriotismusdebatte erspart bleibt.

CONTRA

Über Deutsche

Claudius Seidl

Wer sagt, er sei stolz, ein Deutscher zu sein, hat dafür ganz selten einen Grund – und wer einen Grund dafür hätte, ist meistens zu stolz, so einen Satz einfach dahinzusagen. Darf ich stolz auf Beethoven sein, obwohl ich cis-Moll für eine ganz besondere Daunenart halte? Darf ich stolz auf Schiller sein, obwohl ich keine Ahnung habe, wohin der Mohr denn bitte gehen soll und ob er nicht womöglich Othello heißt? Soll ich stolz auf unseren bayerischen Märchenkönig sein, der bitter weinte und die Preußen verfluchte, als in Versailles jenes Kaiserreich ausgerufen wurde, dessen Schrumpfform heute Bundesrepublik heißt? Oder soll ich mich doch lieber damit abfinden, daß deutsch zu sein nichts anderes heißt als: nicht allzu deutsch sein zu wollen? Die Münchner wären lieber Italiener, die Hamburger halten sich für halbe Engländer oder Skandinavier, Berlin ist die zweitgrößte Stadt der Türkei, und Österreich ist Österreich. Das war zwar nicht immer so – aber so kann es ruhig bleiben. Man kriegt einfach nicht das eine ohne das andere, man kann nicht sagen: Den Goethe suche ich mir heraus aus der deutschen Geschichte, und den Goebbels soll halt ein anderer nehmen. Oder eben: Ich will stolz auf Hölderlin sein, aber mich für Himmler nicht mehr schämen müssen. Es gibt natürlich Leute, die können guten Gewissens stolz darauf sein, daß sie Deutsche sind: nicht wegen des Deutschseins, sondern weil es so schwierig war, deutsch zu werden. Es sind dies meistens Leute mit sehr undeutschen Nachnamen, die es sehr viel Mühe kostete, einen Paß der Bundesrepublik zu bekommen. Zudem kann jemand, der aus Pakistan stammt, wirklich nichts für Adolf Hitler. Insofern sind natürlich die Immigranten und nur sie: unsere Besten.

Ist Herbert Grönemeyer noch zeitgemäß?

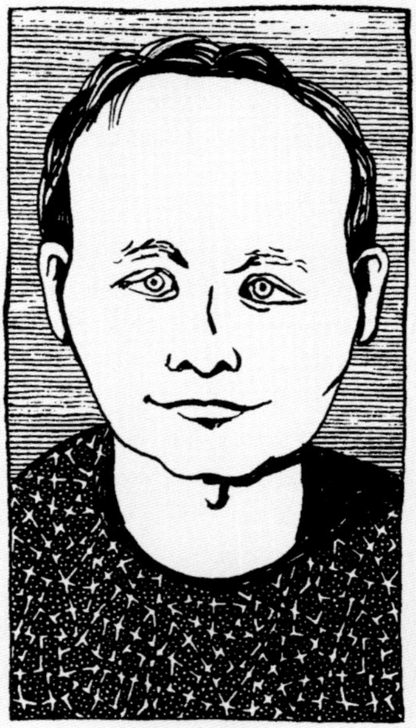

PRO

Karaoke darf sein

Johanna Adorján

Im neuen Video offenbart sich die ganze Schwierigkeit von Herbert Grönemeyer – und seine Kunst: Ein trauriger Eisbär irrt alleine umher; bei Sonnenuntergang gelangt er zu einer einsamen Strandbar; dort sitzt Grönemeyer und singt Karaoke. Ein trauriger Eisbär? Eine verlassene Strandbar? Karaoke? Wie viele Fehler kann man in ein Video packen? Nach dem ersten Schock aber dämmert die Einsicht: Es ist genau richtig. Es ist perfekt. Schöner hätte das Video zu diesem Lied gar nicht sein können. Überhaupt, das Lied: Es heißt »Mensch«, handelt vom Leben als solchem, und es weht eine jahrmarkthafte Melancholie daraus hervor. Klingt grauenhaft? Ist es nicht. Es ist wunderschön und traurig und echt, und jetzt klinge ich selbst schon ganz kitschig, und Grönemeyer tut das aber nie, und genau das ist das Großartige an ihm: Er hat keine Angst davor, peinlich zu sein. Er hat den Mut, uncool zu sein. Und ist das nun schon seit vielen Jahren mit einer solchen Geradlinigkeit, daß die Parameter von cool und uncool für ihn außer Kraft gesetzt sind. Grönemeyer darf alles. Sogar vom »Strand des Lebens« singen, wenn es sein muß, auch Karaoke. Aber mich darf man da eigentlich nicht fragen. Seit dem Nachruf, den Grönemeyer vor vier Jahren für seine verstorbene Frau veröffentlichte, bin ich voreingenommen. Es war die größte und schönste Liebeserklärung die ich je gelesen habe – sie hier auszugsweise zu zitieren, würde mir unwürdig vorkommen. Auch das neue Lied richtet sich an sie: »Du fehlst« heißt es nach jedem Refrain. Vielleicht ist deshalb bei Grönemeyer so vieles nicht peinlich, womit andere nie durchkommen würden: Weil er es ernst meint. Und »weil er irrt und weil er kämpft / und weil er hofft und liebt«. Und so. Schön, daß er wieder da ist.

CONTRA

Kohlpop pur hat ausgegeigt

Georg Diez

Der Wind steht schief, die Luft aus Eis. Nichts ist wirklich wichtig. Tausend Haare in der Suppe, und dein Löffel hat ein Loch. Elemente duellieren sich. Das Jammertal hat auch geschlossen, die Klagemauer ist belegt. Sehnsucht kann man zum Glück nicht verlernen. Niemand, der nie da ist, wenn man ihn am nötigsten hat. Nichts ist wirklich wichtig, nach der Ebbe kommt die Flut. Forder' das große Gefühl, durchquer den Hades zum Ziel. Männer sind einsame Streiter. Die Nobelszene träumt vom Kokain, und auf dem Schulklo riecht's nach Gras, der Apotheker nimmt Valium und Speed, und wenn es dunkel wird, greifen sie zum Glas. Keiner spricht meine Sprache, kauft mir meine Erinnerungen ab. Was ist hier los, was ist passiert? Oh Amerika, du hast viel für uns getan. Tief im Westen, wo die Sonne verstaubt, ist es besser, viel besser, als man glaubt. Geführt von geklonten Patrioten im nationalen Kampf, Kandidaten im Doppelpack. Der Himmel heult, die See geht hoch, ich hab' grad zärtlich an dich gedacht. Ich bin nur ein Königskind, das andere ist mir fremd. Der Mensch heißt Mensch, weil er irrt und weil er kämpft. Geleite mich, rauhe Endlosigkeit. Zum Weinen bleibt noch so viel Zeit. Es gibt viel zu verlieren, du kannst nur gewinnen. Thron über Konvention, das Leben kommt von vorn. Dein Placebo bist du. Folg' dem Sonnenaufgang, leise, tanz' den Tanz auf dünnem Eis. Außen ganz hart und innen ganz weich. Bevor der letzte Tango steigt, wer macht den ersten Anfang? Geleite mich heim, jeder hat so einen Tick. Wir grübeln leicht, wir tun uns leicht, wir warten auf den Schnee. Keine Gefahr, keine Abenteuer. Gleichförmigkeit, Melancholie.

Können wir uns den Ödipus-Komplex noch leisten?

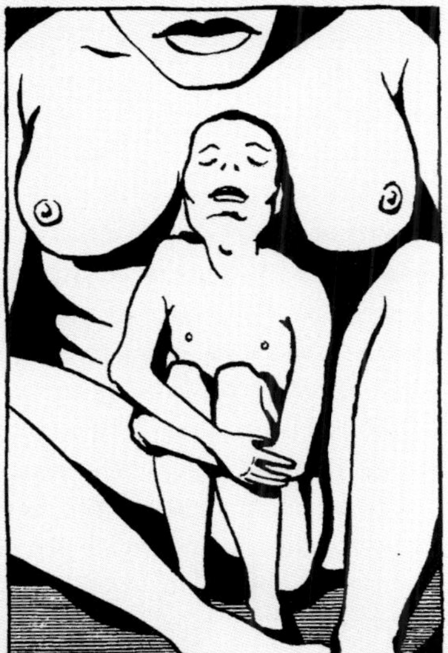

PRO

Ticket nach Theben

Peter Körte

Bis gestern morgen hatte ich den Ödipus-Komplex noch für eine jener irrsinnig charmanten Mythenbasteleien des Doktor Freud gehalten, die seit Jahrzehnten für Gedränge auf der Couch sorgen und Theoriejunkies eine Art Gameboy in die Hand gegeben haben, mit dem sich jede beliebige Familienkonstellation durchspielen läßt – was ja nicht wirklich schlecht ist, weil es sinkenden Beschäftigungsraten entgegenwirkt. Gestern morgen nun erzählte mir auf der Straße mein sehr müde aussehender Nachbar, der zwei Söhne hat, daß der jüngere der beiden vergangene Nacht in eine einstündige Schimpf- und Weintirade ausgebrochen sei, weil er nicht wollte, daß der Vater das Bett mit der Mutter teile. Mein eigener, semantisch noch eher ungefestigter Sohn, hatte eine halbe Stunde vor dieser Offenbarung meines Nachbarn gefordert: »Mami, ich will mit dir schlafen«, womit er natürlich nichts anderes sagen wollte, als daß seine Mutter sich gefälligst in sein Kinderbett zwängen solle. War jetzt der Mythos zum Alltag geworden oder der Alltag zum Mythos? Sollte Freud doch recht gehabt haben, obwohl er in einer klassischen Freudschen Fehlleistung natürlich übersehen hatte, daß Ödipus seinerzeit nicht von Vater Laios, sondern von Mutter Iokaste ausgesetzt worden war? Einigermaßen ratlos ging ich noch mal zurück in die Wohnung und fragte meinen Sohn, der gerade mit seinem Holzschwert herumfuchtelte: »Wollen wir morgen nach Theben fahren?« – »Jaaa!« Und da wußte ich, daß der Doktor Freud wohl doch ein weiser Mann gewesen war, und beschloß, nicht zur Arbeit zu gehen, sondern mir lieber ein Ticket nach Kolonos zu kaufen, wo man sich sein Grab wenigstens selbst aussuchen darf.

CONTRA

Außer Theben nichts gewesen

Nils Minkmar

Die Aufführung des Sophokles-Stücks anläßlich der Dionysosfestspiele in der zweiten Märzhälfte war ein echter Straßenfeger: 17 000 Athener Bürger wollten etwas über das Schicksal des erst so erfolgreichen, dann abgrundtief gestürzten Königs von Theben erfahren. Dabei ging es ihnen nicht bloß um spannende Unterhaltung, sie wollten bei den Festspielen ihre Urteilskraft prüfen und etwas über ihren Staat lernen, die Opfer, die er verlangt, und die Grenzen, die die Herrschenden zu respektieren haben. Die Sophokles-Aufführung war also, wie der geniale Althistoriker Egon Flaig ermittelt hat, eine Mischung aus Tatort, Sabine Christiansen und »Wie würden Sie entscheiden?«. Die Sache mit Iokaste war nicht sehr komplex: Ödipus wurde von ihr schlicht belogen, er konnte nichts dafür und zeigte anschließend heftige Reue. Eklig, aber nicht kriminell würde das Urteil der AthenerInnen gelautet haben. Ganz anders die Sache an der Kreuzung der drei Wege: Ödipus hat es eilig, als ihm ein Wagen die Vorfahrt nimmt. Er schlägt den anderen Kutscher und kriegt dafür vom Passagier des Wagens, König Laios, einen Hieb auf den Kopf. Da reicht es Ödipus endgültig, er kehrt um und sagt: »Ich tötet alle.« Die kundigen Athener, die immer wieder mal als Geschworene Recht zu sprechen hatten, wissen aber: Nicht Ödipus, sondern der Wagen des älteren Mannes hatte am Dreiweg Vorfahrt. Daß der Alte zufällig sein Vater war, spielt für den Fall gar keine Rolle. Ödipus, so fanden die Athener, hat sich im Straßenverkehr arrogant und typisch adlig-brutal verhalten, und dieses »Basta!«-Verhaltensmuster führte zu seinem tristen Ende. Über Mutter und Sohn erfährt man in dem Stück kaum etwas, über Straßenverkehrsrecht und Politik alles.

Soll Roland Koch unser nächster Bundeskanzler werden?

PRO

Politik ist Versprechen

Georg Diez

Der Artikel trug die Überschrift »Die Guten finden immer einen Job«, und weil das in diesen Tagen nicht ganz so einfach ist, brachte »Der Tagesspiegel« letzten Sonntag vor seiner Beilage »Karriere & Beruf« eine ganzseitige Stellenanzeige, die als Interview getarnt war. »Mache Kanzler, suche Volk«, das war die Botschaft, die der Selfmade-Mann rüberbringen wollte, der eine harte Kindheit hinter sich hatte: Schon mit vierzehn mußte er für seinen Vater arbeiten, und bis heute hat er es nicht geschafft, sich vom elterlichen Betrieb zu verabschieden. Wenn man jemandem helfen muß, das war der erste Reflex, dann diesem Mann mit dem ehrlichen Blick und den wäßrigen Lippen. Und Gerhard Schröder hat es ja vorgemacht: Die oberste Resozialisierungsstelle dieses Landes ist gegenüber vom Reichstag gelegen, mitten in Berlin. In Schröders Fall hat das auch sehr gut geklappt, wie man in diesen Tagen wieder beobachten kann – fast nichts ist von seiner schmutzigen Vergangenheit als Linker geblieben. Jetzt heißt es: Platz für Roland Koch! Während also die Gewerkschaften auf Berlins Straßen Techno tanzten, nahm diese Wiedereingliederungsaktion eine überraschende Wendung – auch im Weißen Haus wird der »Tagesspiegel« aufmerksam gelesen. George W. Bush jedenfalls war von dem Fall so gerührt, daß er Koch vor laufenden Kameras seine brutalstmögliche Unterstützung zusicherte. Was ein menschlicher Zug des Texaners ist, der aber doch eigentlich nicht notwendig gewesen wäre. Schließlich wird Roland Koch, wenn er 2006 zum Kanzler gewählt wird, das beste Beispiel sein für das alte BRD-Erfolgsmodell: Ein mittelmäßiger Schüler ohne jede Ausstrahlung kann es in diesem Land schaffen. Wenn das kein Versprechen ist!

CONTRA

Ironie ist Verbrechen

Harald Staun

Verführerisch ist die Idee ja schon, die Wahl des Bundeskanzlers künftig gleich von Leuten vornehmen zu lassen, die etwas davon verstehen. Schließlich haben die Amerikaner die Demokratie erfunden, oder so ähnlich, und wenn sie auch mittlerweile das Stimmenzählen etwas verlernt haben, dann war das nur ein notwendiger Trick der Geschichte, um letztlich George Weltgeist Bush zum historisch vernünftigen Sieg zu verhelfen. Nichts dagegen also, daß der Imperator des neuen Roms künftig den Statthalter in Germanien bestimmt, aber in der Sache muß ihn jemand falsch beraten haben. Daß Roland Koch, bevor er überhaupt zum Kandidaten gekürt wurde, schon Opfer von Spott und Hohn wurde, wie nur der sprachretardierte Prokurator Pontius Pilatus in Monty Pythons »Leben des Brian« (»Chwanzus Longus«) vor ihm, diskreditiert ihn zwar nicht zusätzlich; aber es macht ihn gefährlich. Aus dem Stahlbad des Fun, in das ihn das Magazin »Titanic« voreilig geschmissen hat, wird sich »Schweinchen Babe« als eisenharte Polit-Sau erheben. Als Obelix der Humorlosigkeit, spaß- und ironieresistent bis ans Ende seiner Tage. Und so sehr sich auch manche einen Kanzler wünschen, der den Karren aus dem Dreck holt, statt sich durch diesen ziehen zu lassen: Roland Koch selbst wird alles wie ein Witz vorkommen. Jeder Gag wird ihn stärken, jede Pointe seine Macht festigen. Ironie, das einzig verläßliche Instrument politischer Kontrolle, wird gegen diesen Mann nichts mehr helfen. Spätestens wenn er im Amt ist, wird auch der amerikanische Präsident erkennen, was er an einem Kanzler hatte, den er nicht wirklich ernst nehmen mußte. »Hessen-Herpes« nannte ihn das unvorsichtige Satireblatt. Wenn man den einmal hat, geht er nie mehr weg.

Darf das Wetter so gut sein, wie es will?

PRO

Der Strand der Dinge

Volker Weidermann

- »Liebe Kat Menschik, wir haben uns für eine Debatte Pro und Contra ›Gutes Wetter‹ entschieden. Das regt nun wirklich alle auf. Könntest Du bitte ein schönes Sonnenbild für uns zeichnen?«
- »Waaas? Was ist denn das für eine Debatte? Wer bitte soll gegen die Sonne sein?«
- »Na alle. Ist doch schrecklich. Alle stehen unter Erlebniszwang. Erlebnisstreß. Man kommt nicht zum Lesen, nicht zum Denken. Ständig soll man in diese Sonne raus. Braun werden. Entspannen. Spaß haben. Wer denken will, findet das schauerlich.«
- »Dann denkt mal schön. Ich fahre jedenfalls übers Wochenende ans Meer.«
- »Na toll. Aber vorher bitte noch die Gut-Wetter-Zeichnung schicken. Viel Spaß am Meer auch. Wahrscheinlich freust Du Dich schon.«
- »Und wie ich mich aufs Meer freue! Aber: ich muß ja auch nicht nachdenken. Außerdem wird's schon kühler über dem Sommerkleidchen. Schönes Wochenende und danke.«
- »Ach. Das Meer. Die Sonne. Die Freizeit. Kein Denken. Hm. Na ja. In Büchern ist es auch meist sonnig. Verläßlich.«
- »Das Bild ist da.«
- »Oh.«
- »Und übrigens: So einen tollen Badeanzug habe ich tatsächlich! Bis bald.«
- »Hm. Ehrlich gesagt, denke ich manchmal, wenn eines Tages die Stelle eines Strandvolleyballkorrespondenten frei würde, die würde ich nehmen. (Ich schreibe jetzt übrigens das Pro.)«
- »Wollte ich auch gerade vorschlagen, das Pro: Bücher ins Hirn, kühle Getränke in den Magen und Sonne ins Gesicht scheinen lassen, was für ein Luxus! So, ich düse mal los. Kat.«

CONTRA

Der Schwund der Sinne

Claudius Seidl

Wären wir Menschen dafür gemacht, so gut wie nackt in der Sonne zu liegen, dann hätten wir Drüsen, die Sonnenöl statt Schweiß absonderten, und unsere matschigen Hirne könnten nicht weiter als bis zur nächsten Banane denken. Wären wir Menschen jene sonnigen Tiere, für die wir uns im Sommer halten, dann hätten wir das Rad und das Telephon gar nicht erst erfinden müssen. Wir lägen irgendwo herum, warteten auf Kokosnüsse, die von den Bäumen fielen, legten uns später, wenn es zu heiß würde, ins Wasser und öffneten den Mund für die Fische, die da eventuell hereingeschwommen kämen. Wäre der Mensch ein Sommerwesen, dann würde er nicht, sobald ihm etwas gefällt, nur noch »cool« sagen oder »supercool«. Man muß sich die Zivilisation als einen Eisberg vorstellen und den Fortschritt als einen Prozeß der permanenten Abkühlung: Erst als wir das Sommerwesen, das in uns steckt, eingefroren hatten, waren wir fähig, einen kühlen, klaren Gedanken zu denken. Und genau deshalb sieht der Sommer, in unserem nördlichen Land zumindest, immer gleich aus wie der Rückfall in die Barbarei: Die Männer tragen kurze Hosen, die Frauen kaum noch irgend etwas, die Menschen konfrontieren uns mit ihrer Eigentlichkeit, statt einfach unauffällig ihre Rollen zu spielen: Dabei müßten sie nur in den Spiegel schauen, um zu sehen, daß sie mit sich selbst am liebsten nichts zu tun haben würden. Es ist eine Zumutung, an diesen heißen Tagen durch die Städte zu spazieren – und wer im Bus oder in der U-Bahn sitzt, weiß nicht mehr, wo er hingucken soll, wenn er nicht als Spanner oder sexueller Belästiger gelten soll. Man möchte ein Eisbär sein in diesem Sommer – oder ausschließlich mit Pinguinen kommunizieren.

Sollen ausländische Staatsmänner Christiansen statt Schröder besuchen?

PRO

Mut zur Höflichkeit

Nils Minkmar

Die Queen ist nicht nur meine beste Kundin, sondern auch meine höflichste«, hat Sir Hardy Amies, der Schneider der englischen Königin, gesagt. Die Höflichkeit verleiht selbst Monarchen erst den entscheidenden, ins Transzendentale hinüberspielenden Glanz – um wieviel mehr also muß Höflichkeit in Talkshows gepflegt werden, wo immer Dieter Hundt zu Gast ist. Sabine Christiansen weiß das. Ihre Sendung ist vielleicht nicht die beste Talksendung, aber die höflichste. Noch die 120. Runde zur Reform der Rentensysteme, Rettung des Gesundheitswesens, Behebung der Arbeitslosenmisere mit Dieter Hundt, Dieter Hundt, Dieter Hundt und einem namenlosen, wirren, aber beherzten Sozialpartner verfolgt sie mit intensiven Blicken und hält sich zart die Finger vors Kinn. Sie ist so ein Star: Wir projizieren einige Sekunden Aufmerksamkeit, sie verkörpert sie stundenlang. Derweil machen wir andere Dinge, denn es hält ja kein Mensch aus außer ihr. Der ins Leere sendende, eingeschaltete Fernseher ist unsere Form, sie bei ihrer nationalen Simulationsarbeit zu segnen. Sie macht ihre Sache gut: Alle Assoziationen ausländischer Staatsmänner zu Goethe, Meister Eckart und dem Schwarzwald werden aus Christiansens tiefen Augen wieder zu ihnen sprechen. Und zwar hochdeutsch – und höflich. So höflich.

CONTRA

Angst vorm Möbelpacker

Stefan Niggemeier

Klar, die Christiansen kann das machen, die muß ja, wenn sie die wichtigen Herren in ihren Hotelzimmern aufsucht, nur ihre zusammen- und übereinanderklappbaren Beine mitbringen und ihren durchtrainierten Kameramann, der beide dreimal pro Minute umkreist. Aber bei der Christiansen würde es nicht bleiben. Und dann steht plötzlich ein Möbelpacker vor der Tür von Chiracs Hotelzimmer und fragt, wo er den massiven Eßzimmerholztisch hinstellen soll, damit sich Reinhold Beckmann drauflehnen, »Aber Jacques« sagen und nach den sexuellen Ängsten seiner Kindheit fragen kann. In die Präsidentensuites in den Adlons und Atlantics dieses Landes müssen fiese braune Riesenschreibtische eingebaut werden, wobei es spätestens mit Berlusconi eine Diskussion geben wird, wer denn dahinter thronen darf und wer auf den kleinen Besucherstuhl muß – er oder Johannes B. Kerner. Maybrit Illner stürzt sich von ihrer Brandenburger-Tor-Holzkulisse, weil kein Staatsbesucher mehr nach Berlin kommt, aber sie dort festhängt, weil ihre Sendung unflexiblerweise »Berlin Mitte« heißt. Friedman erklärt, daß er sich an einem Haider-Interview selbst mit UN-Mandat nicht beteiligen wird. Und der Irak-Krieg bricht nur aus, weil Bush erfährt, daß Saddam nicht wie er zu Stefan Raab mußte, sondern zu Harald Schmidt durfte.

Braucht Deutschland das P1?

PRO

Es lebe die Tür

Nils Minkmar

Als ich gerade angefangen hatte zu studieren, hörte ich manchmal Berichte von Kommilitoninnen, die München besucht hatten, und in diesen Berichten kamen immer die »Schwarzen Sheriffs« vor – und wie unmöglich die seien – und ein »fieser« Typ, der sie ins P1 mitnehmen wollte. An dieser Stelle endete die Geschichte auch schon, denn der Vorschlag galt als total unmöglich, ja schlimmer noch, als unpolitisch. Ich kannte nämlich vor allem linke Studentinnen. Heute rührt mich die Kontinuität, das beinah Folkloristisch-Überzeitliche der Abschleppversuche ins P1: Alles ist anders auf der Welt, in der Münchner U-Bahn gibt es keine »Schwarzen Sheriffs« mehr, aber immer noch gibt es Geschichten über Männer mit Dreitagebart, die mit ihren Kontakten zum P1 angeben. Diese Geschichten enden dann eher heiter, weil der Angeber natürlich gar nicht hineingelassen wird, sich aufregt und mit einem Anruf bei Boris Becker droht, obwohl es angeblich reicht zu behaupten, man habe drin seinen Anorak vergessen, um hineinzukommen. Richtig toll ist aber, daß die Tür zwei Seiten hat: Roberto Blanco, Ralph Siegel, »Scheidungskind Ben Tewaag«, »Feinkostlegende Gerd Käfer«, Heiner Lauterbach »mit seiner Viktoria«, Heinz Hoenig, Rudolf Moshammer, Michael Graeter, Giulia Siegel, Caroline von Monaco und sicher auch viele Rennfahrer, PR-Berater und Anlageexperten, sie alle bleiben nach Sonnenuntergang da drin, hinter der schweren, sorgsam bewachten Tür, wo, wie die »Bild«-Zeitung schreibt, »Mädchen ihre Zöpfe wie Angelhaken auswerfen«. Es geht ihnen gut dort. Und uns, die frei herumlaufen, somit auch.

CONTRA

Die Tür zur Welt

Georg Diez

Uns ist das jetzt schon eine Weile nicht mehr passiert, daß wir uns mit der Wirklichkeit verwechselt haben, aber dem P1 ist es neulich mal wieder so gegangen. Nach einer langen Nacht wachte es auf: Und wußte nicht mehr, ob Mick Jagger seine Whiskey Sour bezahlt hatte, ob der Mann, der aussah wie Ralf Schumacher, dem kleinen Mann, der aussah wie Nana Mouskouri, die Brille zertreten hatte, ob das Kind, das die Aushilfskellnerin Verena auf der Toilette zur Welt gebracht hat, von Ralph Siegel war – und wer war der blonde Kerl mit dem Nußknackerkiefer, der an der Tür herumlungerte? An diesem grauen Münchner Morgen hat das P1 verstanden, daß es höchste Zeit war. Es packte ein paar Sachen zusammen, buchte einen Flug nach Mexiko und sagte nur ein paar Vertrauten Bescheid; Michael Graeter etwa, der sich darum kümmern sollte, daß »Bild« voll von Geschichten war, die so taten, als sei Gunther Sachs noch am Leben; und auch ein paar Leuten im Feuilleton der »Zeit«, die das P1 noch eine Weile als marodierende Metapher durch ihre Texte trieben, wenn sie ein paar Pointen zu schießen versuchten über eine Welt, die sie zwar nicht kannten, aber irgendwie doch verachten wollten. So ging das einige Jahrzehnte, ohne daß es jemand gemerkt hätte. Und wäre nicht einem Reporter der »Würzburger Neuesten Nachrichten«, Deutschlands führender Tageszeitung, aufgefallen, daß an einem Strand in Mexiko ein Gebäude stand, das dem Haus der Kunst verdammt ähnlich sah, wer weiß. Jetzt sind sie alle wieder da, Gunther Sachs, Mick Jagger, der Sohn von Oliver Kahn. Die sogenannte Wirklichkeit tanzt im Mondschein.

Soll der Bundeskanzler mit den Siegern den D-Day feiern?

PRO

Am Strand des Lebens

Nils Minkmar

Versammlungen von erwachsenen Männern und Frauen an Meeresstränden haben meistens etwas Melancholisches. Der Wind weht, man blinzelt zum Horizont, und alle machen sich so ihre ganz eigenen Gedanken. In den Niederlanden des Goldenen Zeitalters versammelten sich Bürger und kleine Leute in hellen Scharen um die Kadaver gestrandeter Wale und sinnierten über Monstrosität, Vanitas und den Tod. Hehre, letzte Dinge, Fragen von Sein und Nichtsein werden an Stränden verhandelt, und es gibt kaum einen Ort, an dem Qual und Erlösung des 20. Jahrhunderts so nah zusammentreffen wie an den Stränden der Normandie. Dann noch so ein runder Jahrestag, das ist staatsaktmäßig schon arg elegisch und nicht jedermanns Sache. Es dauert ja Stunden, allein die Hymnen abzuspielen. Ein François Mitterrand mochte solche Situationen, der war auch privat dauernd auf Friedhöfen unterwegs. Der Elysée-Palast behauptete dann, der Präsident spiele Golf, das klang weniger merkwürdig. Chirac ist bekanntlich aus anderem Holz geschnitzt. Der hat gern eine gute Zeit, und allein der Gedanke, während der Feierlichkeiten nichts essen zu können, setzt ihm zu. So ist es nur verständlich, daß er sich seinen Männerfreund aus Berlin hinzulädt. Seit Schröder die SPD los wurde und beschlossen hat, gute Laune zu haben, sind seine Mundwinkel durch gar nichts mehr abzusenken. Historisch interessiert war Schröder ja noch nie; vor ein paar Jahren hätte höchstens die Gefahr bestanden, daß er sich mit einem Megaphon an die Veteranen wendet und ihnen verspricht, all ihre irdischen Sorgen zur Chefsache zu machen, aber jetzt wirkt gegen ihn selbst Berlusconi wie der späte Heidegger. Besser und nachhaltiger kann man die Harmlosigkeit des Landes nicht darstellen. Bei gutem Wetter kann sein ewig emporgereckter Daumen immer noch dazu dienen, die Mäntel der Gäste zu halten.

CONTRA

Ohne Sinn, ohne Verstand

Claudius Seidl

Vor fast genau 300 Jahren, im August 1704, wurde in der Nähe der schwäbischen Ortschaft Blindheim die grausamste Schlacht des Spanischen Erbfolgekriegs geschlagen. Auf der einen Seite standen die Truppen Frankreichs, die mit den Bayern unter Max Emanuel verbündet waren, auf der anderen Seite die Kaiserlichen unter dem Prinzen Eugen mitsamt ihren englischen Verbündeten unter dem Herzog von Marlborough. Am Abend waren Bayern und Franzosen besiegt, 25 000 Mann waren tot, Max Emanuel mußte ins Exil gehen, und sein Land kam für zehn Jahre unter kaiserliche Verwaltung, und wenn in diesem Sommer die Bayern mit Pomp und einem Festakt an die Schlacht erinnern wollen, möchte man nur noch fragen: Habt ihr da wirklich etwas zu feiern? Mit dem D-Day ist das insofern anders, als der Krieg der Alliierten ein gerechter Krieg war und man sich niemals wünschen möchte, daß die deutschen Truppen die Kämpfe an den Stränden der Normandie gewonnen hätten. Sie haben verloren, und das ist auch gut so; und es bleibt jedem Deutschen unbenommen, heute dem Himmel oder dem Schicksal dafür zu danken, daß es den Amerikanern und Briten gelang, den europäischen Kontinent von Hitler und den Nazis zu befreien. Aber zu feiern gibt es trotzdem nichts, nicht für den deutschen Kanzler, nicht für den Rest der Deutschen – und deshalb hat Helmut Kohl vor zehn und vor zwanzig Jahren das einzig Richtige getan: Er ist den Jubiläumsfeiern der Sieger immer ferngeblieben. Und Gerhard Schröder, der die Einladung angenommen hat, bringt durch seine Präsenz eine Unschärfe in die ganze Sache, was weder die Wahrheitsfindung noch die Aussöhnung mit den ehemaligen Gegnern einen Schritt weiterbringt. Die Deutschen gehören nicht an die Seite der Sieger, weil sie Adolf Hitler nicht besiegt haben. Sie haben sich ihm unterworfen.

Ist Salvador Dalí noch zeitgemäß?

PRO

Der Zauber von Ozelot

Nils Minkmar

Eines Tages, es war im übersichtlichen Paris der 1920er Jahre, bat Luis Buñuel seinen Freund Dalí, zwei Karten für ein Konzert kaufen zu gehen: Er gab ihm Geld und zeigte auf den Laden, in dem die Eintrittskarten verkauft wurden, genau gegenüber von dem Café, in dem sie gerade saßen. Dalí geriet sichtlich in Panik, machte sich dennoch tapfer auf den Weg und kam Stunden später ohne Geld und ohne Karten zurück. Rätselhafterweise war er auch völlig durchnäßt, obwohl der Himmel ganz blau war. »Ich kann das nicht, ich kann das nicht«, soll er gesagt haben. Viele andere Menschen mit seiner Veranlagung sind Kellner in Ost-Berliner Gastronomiebetrieben geworden, Dalí aber wurde Künstler. Das war wirklich ein Segen, vor allem für Spanien, ein Land, das ohne ihn das gesamte 20. Jahrhundert in völliger Humorfreiheit hätte verbringen müssen. Mit Dalí aber war immer was los: Mal machte sein zahmer Ozelot Zicken, mal ließ er sich im Restaurant ein gedünstetes Telefon servieren oder setzte jemandem einen Hummer auf den Kopf. Er sorgte aber nicht nur für die tägliche Unterhaltung unserer iberischen Freunde, er inspirierte auch andere Künstler von Harpo Marx über Walt Disney bis Alfred Hitchcock. Und wer nun erwartet hätte, ein komplett alltagsuntauglicher Wahnsinniger mit ozelotkotverstärktem Eckzwirbelbärtchen müsse sein Leben damit verbringen, vor empathisch nickenden Kunstkritikern den Undank der Welt zu beklagen, konnte abermals staunen: Durch gerissene, innovative Busineßstrategien wie dem Verkauf weißer, signierter Blätter an dubiose Zwischenhändler hat sich der Mann dumm und dämlich verdient und ein schönes Leben gemacht. Dank optimierter Kombinationen aus Verhaltenstherapie und Psychopharmaka gibt es heutzutage keine Menschen wie Dalí mehr. Darum leben wir in so gesunden Zeiten.

CONTRA

Deine Uhren im Sand

Niklas Maak

Wenn es jemanden gab, der die Rubrik »Contra Dalí« wirklich gern gefüllt hätte, dann wäre das sicherlich Paul Eluard gewesen, der in dem sehr heißen Sommer 1929 mit seiner Frau Gala ein paar Wochen zu seinem Freund Dalí ans Meer reiste und ohne seine Frau wieder abfuhr, weil Gala sich in das Fischerdorf und den Schnurrbart von Salvador Dalí verliebt hatte und deshalb bis zu ihrem Tod blieb. Auch andere Leute mochten Dalí nicht, seine Schwester Ana Maria zum Beispiel, jedenfalls vermutete Dalí das, als Ana Maria 1951 ein Buch verfaßte, in dem sie ihren mittlerweile für Wahnsinn und Paranoia sehr berühmten Bruder als ganz im Gegenteil schüchternes, freundliches und gänzlich unwahnsinniges Bürschchen darstellt. »Sie hat meine Legende zerstört«, klagte Dalí damals, zu dessen Legende es auch gehört, daß er 1939 die sehr schöne »Declaration of the Independence of the Imagination and the Rights of Man to His own Madness« veröffentlichte, 1955 in einem mit Blumenkohl gefüllten Rolls Royce vor der Sorbonne parkte und einen Vortrag über »phänomenologische Aspekte der paranoisch-kritischen Methode« hielt, elf Jahre später einen Film mit dem ebenfalls sehr schönen Titel »Autoportrait mou avec du lard grillé«, zu deutsch »Weiches Selbstporträt mit gebratenem Speck«, drehte, bald darauf aus nicht genau zu klärenden Gründen die Ehrendoktorwürde einer französischen Kürschnerschule erhielt und während all dieser Ereignisse sein mit ausgestopften Tieren vollgepfropftes Haus so lange um Türmchen und Treppchen erweiterte, bis Walt Disney, der ihn 1957 dort besuchte, zugeben mußte, daß Disneyland dagegen nichts sei: Bei alledem fragt man sich dann doch, warum Dalí, der immer zur richtigen Zeit das Richtige tat, warum in aller Welt er nur immer diese schrecklichen zerfließenden Uhren malen mußte.

Brauchen wir mehr Bilder vom Krieg?

PRO

Radio Freies Deutschland

Georg Diez

Es war kurz nach sieben Uhr am Freitag abend, als sich das öffentlich-rechtliche Fernsehen von der Kriegsberichterstattung verabschiedete. Gerade fielen die Bomben auf Bagdad, was jeder sehen konnte, der CNN oder BBC eingeschaltet hatte – das ZDF hatte nichts Besseres zu tun, als eine Konserve zu zeigen, die davon handelte, daß in der Stadt alles ruhig sei. Und als wenig später Donald Rumsfeld in Washington für die Weltöffentlichkeit seine Pressekonferenz gab, da spulten die Mainzer einen alten Beitrag über Saddams Paläste ab. »Ohne uns!«, das schien die Botschaft, die oft genug auch aus den bebenden Stimmen der Journalisten spricht, die, empört über die »schrecklichen Bilder«, oft genug die Trennung von Nachricht und Meinung aufgegeben haben. In der ARD zitterte die Stimme der Korrespondentin Meier derart, als stehe sie mit ihrem wackeligen Studio irgendwo im Ostteil von Bagdad und nicht im sicheren Washington. Dafür schaffte dieser Sender es immerhin, während Rumsfelds Pressekonferenz die aufgezeichneten Bilder der Bombenangriffe zu zeigen und so zu suggerieren, Rumsfeld spreche, während seine Armee live töte. Man muß nicht für diesen Krieg sein: Aber journalistisches Gestümper ist noch keine pazifistische Tat. Wer die Bilder vom Krieg sehen will, muß alliiertes Fernsehen schauen. Deutschland ist eine journalistische Mittelmacht.

CONTRA

The show must not go on

Stefan Niggemeier

Wie oft hat dieser Soldat die beiden sich ergebenden irakischen Kämpfer jetzt schon abgetastet im deutschen Fernsehen? Inzwischen hat man ihn so oft gesehen, daß man fast erwartet, in der nächsten Spezial-, Sonder-, Extra-Ausgabe, in der er auftaucht, würde er sich das Abtasten sparen, weil er inzwischen weiß, daß sie nichts versteckt haben. Vielleicht bekommen wir diese Szene deshalb so häufig gezeigt, weil die Sender glauben, daß sie wenigstens stimmt; jedes andere Bild bekommt einen Kommentar: »Diese Aufnahmen sind mit Vorsicht zu genießen. Dies hier muß nicht die ganze Wahrheit sein. Eventuell ist diese Wüste schon kurz vor Bagdad. Könnte sein, daß die Truppen woanders nicht so freundlich empfangen werden ...« Die deutschen Sender sind hörbar stolz, daß sie aus früheren Propaganda-Kriegen gelernt haben und jedes Bild relativieren – und verkaufen sich und uns für dumm. Gegen die Macht der Bilder, in der dutzendfachen Wiederholung zumal, kommt kein Erklärtext an. Wenn die Wahrheit der Bilder so zweifelhaft ist wie bei fast allen Bildern von diesem Krieg im Moment, haben sie nichts in den Nachrichten zu suchen, als Füllmaterial für die längste Live-Action-Show der Welt schon gar nicht. Die Nachrichten, die diesen Namen verdienen, passen im Moment locker in 30 Minuten »Tagesthemen«. Wenn ihr nichts wißt, zeigt: nichts.

War Johannes Rau ein guter Präsident?

PRO

Sphinx mit Nase

Nils Minkmar

In vieler Hinsicht ist Johannes Rau der deutsche Politiker, von dem noch am meisten zu erwarten ist, denn er ist so geheimnisvoll. Wer erwartet demgegenüber noch etwas von Sigmar Gabriel, von dem wir ja wirklich einmal alles wußten? Gut, daß der Mensch auch vergessen kann. Rau wirkt jünger als der SPD-Nachwuchs, weil noch so viele Fragen offen sind: Warum dachte er, daß sich ein deutscher Politiker besser nicht als sehr belesener, Briefe schreibender Staatsmann zu erkennen gibt, sondern immerfort Skat spielen, Pils trinken und Witze erzählen soll? Eine Journalistin entdeckte Rau einmal, wie er ganz allein, rauchend, aus dem Fenster schauend in einer Autobahn-Raststätte herumsaß. Er war zu früh dran und wollte die Bundesbürger nicht mit einem vorzeitigen Präsidentenbesuch erschrecken. Also hat er eine Raststätte angesteuert und gewartet, hat nicht telefoniert, keine Akten gelesen und keine Mitarbeiter mit Anekdoten gelangweilt. Ist das nicht seltsam für einen Spitzenpolitiker? Vor achtzehn Jahren ist er auch mal in Saarbrücken aufgetaucht und hat einen damals neugestalteten, aber dennoch wirklich trostlosen, mit künstlichen Brachen und Fake-Bauruinen auf futuristisch-apokalyptisch gestylten (und heute dankenswerterweise wieder gewerblich genutzten) Saaruferstreifen im Osten der Stadt als »Bürgerpark« einweihen helfen. Es regnete. Außer ein paar saarländischen Funktionsträgern war niemand gekommen, ich selbst war nur auf dem Weg nach Woanders da vorbeigegangen und staunte. Gab es in NRW an dem Tag nichts einzuweihen? Was wollte er da? Warum erinnere ich mich überhaupt daran? Und was war eigentlich mit diesem Stehlampenunfall? Johannes Rau ist unser Elvis: So oft gesehen, immer noch so transzendent mysteriös.

CONTRA

Stuntman ohne Mut

Peter Körte

Allen Ernstes kann ja niemand etwas gegen Johannes Rau einwenden, es sei denn, er hätte den passenden Bibelspruch zur Hand. Schließlich repräsentiert der Mann Deutschland, »indem er durch sein Handeln und öffentliches Auftreten den Staat selbst – seine Existenz, Legitimität, Legalität und Einheit – sichtbar macht«. So steht es auf der Homepage des Präsidenten. Das ist nicht nur ein bißchen viel auf einmal, sondern erinnert fast schon an die Offenbarung, weil ein Abstraktum wie der »Staat selbst« auf einmal in einer Person »sichtbar« wird. Und so muß der Bundespräsident Worte »ins Stammbuch schreiben«, »die Leviten lesen«, und wie all die Floskeln heißen, die wie das Saalecho seiner Ansprachen klingen. Wenn in Raus jüngster Rede rund sechzig Mal das Wort »Vertrauen« vorkam, ist dauerndes Kopfnicken die ideale Zuhörerreaktion, weil alles, was der Präsident sagt, nie ganz falsch und immer von einer so erschütternden Richtigkeit wie Folgenlosigkeit ist. Womöglich ist das Amt deshalb ein einziger performativer Akt, wie ja auch Roman Herzogs berühmte »Ruck-Rede« keinen solchen auslöste, sondern selbst schon der einzige Ruck war. Nun vertraut man darauf, daß das mantraartige Aussprechen des Wortes »Vertrauen« Vertrauen bildet, weil der Präsident den Staat verkörpert wie ein Stuntman den Star. In Amerika ist der sogenannte »Publicity Stunt« längst eine demokratische Kunstform, weil man dort mehr vom Showgeschäft versteht. Der Bundespräsident ist dagegen der Stunt als alteuropäische Institution. Insofern hat Johannes Rau sich leider über sein Amt getäuscht, weil er eben nicht nur der erste Stuntman des Staates sein wollte, wohingegen sein usstrahlungsfreier designierter Nachfolger gewiß einen besseren Kaskadeur abgibt.

Brauchen wir Henning Mankell?

PRO

Lebst du noch, oder was?

Claudius Seidl

Es war natürlich Hans Blix, der uns das große Land im Norden wieder ins Gedächtnis gerufen hat; fast hätten wir ja vergessen, daß auch nördlich von Norddeutschland noch menschliches Leben möglich ist – und daß es in diesem Land schon deshalb so hervorragende Detektive gibt, weil es die Hälfte des Jahres so stockdunkel ist, daß man, schon um den Weg von Göteborg nach Stockholm zu finden, einen Schnüffler extra engagieren muß. Hans Blix, der auch insofern ganz und gar Schwede ist, hat inzwischen den halben Irak durchsucht, und daß er, wenn er von den Ergebnissen berichtet, immer ein wenig melancholisch wirkt, liegt nicht nur an der verfahrenen politischen Lage; es ist die existentielle Traurigkeit des Detektivs, der weiß, daß hinter jeder Enthüllung ein weiteres Geheimnis steht. Hinzu kommt die existentielle Traurigkeit des Schweden, der weiß, daß selbst solche Dinge wie die Sonne zu Geheimnissen werden, wenn der Winter sich dehnt, da oben im Norden. Insofern sind die Zeiten, in denen wir leben, sehr nördlich, was uns alle zu Gesinnungsschweden macht. Wohnst du noch, oder lebst du schon? So fragt, ein bißchen unzeitgemäß, die bekannteste Firma Schwedens, und die beiden anderen, die mit den Autos, bauen ja auch Gefährte, mit denen man durch extrem böse Zeiten kommen soll. Laßt uns also alle zu Gesinnungsschweden werden, uns, zum Zeichen, daß wir noch leben, die Wohnungen voll mit Billy-Regalen stellen, die zwar ein bißchen wacklig sind, vor allem in Altbauten – aber ganz prima auf dem Boden stehen, wenn man sie mit Henning Mankells gesammelten Werken beschwert. Ob man die auch lesen muß? Ja, wenn der Winter nicht endet oder man aus anderen Gründen ein schwedisches Gefühl in sich spürt.

CONTRA

Liest du noch, oder was?

Peter Körte

Natürlich kann einer nichts dafür, wenn er beim sogenannten deutschen Bücherpreis zum »Publikumsliebling des Jahres« gewählt wird, weil sich die Stimmberechtigten mal wieder dafür schämen, daß sie eigentlich lieber Dieter Bohlen lesen, weshalb sie dann mehrheitlich für Henning Mankell und seinen Tanzlehrer stimmen, weil der Schwede ja als guter Mensch von Moçambique auf die Lage der Dritten Welt auch mit der Inszenierung von Theaterstükken aufmerksam macht, nachdem er seinen Kommissar Wallander offenbar in unbefristeten Urlaub geschickt hat, so daß der nun die vielen schwedischen Schären auf- und absegeln muß und allenfalls ein paar vorwitzigen Elchen nachstellen kann. Vielleicht liegt es aber doch an der Prosa und nicht allein am Puritanismus der Stimmberechtigten, denn all die skandinavophilen und -phoben Feuilletonisten, die Kriminalromane normalerweise für Freibankerzeugnisse, für Kultur minderer Güte also, halten, fühlen sich unwiderstehlich zu Kurt Wallander hingezogen, weil der langsame Brüter über die Ungerechtigkeit der Welt, die Kluft zwischen Arm und Reich, den Verfall der Werte und andere, bei jeder evangelischen Akademietagung beliebte Themen sinniert, weshalb seine Ermittlungen auch ziemlich lange dauern, und weil er dabei auch noch den Eindruck erweckt, es hätte sich das gesamte seelengepeinigte Personal der alten Ingmar-Bergman-Filme dazu entschlossen, in Mankells Kriminalromane auszuwandern, um metaphysische Entwicklungshilfe zu leisten. Was im übrigen kein Wunder ist, da Mankell mit der Bergman-Tochter Eva verheiratet ist und sich auch noch als »letzten Mohikaner« versteht – weshalb wir den skandinavischen Tiefausläufer lieber meiden.

Ist Rauchen gut für uns?

PRO

Die Asche des Bösen

Claudius Seidl

Schon gut, es hat sich herumgesprochen, daß Rauchen nicht ganz so gesund ist wie beispielsweise Joggen, Gymnastik und streng biologische Ernährung. Was ist schon gesund? Arbeiten vielleicht, Autofahren oder Fernsehen? Selbst Sex ist ja, wie wir aus dem Bestseller des letzten Jahres wissen, eine Tätigkeit, bei welcher man sich schwer verletzen kann. Worum es eigentlich geht, ist die Frage, ob es zum Rauchen eine Alternative gibt. Nicht mehr zu rauchen, sagen die Nichtraucher, und die Raucher antworten ihnen: Ja klar, zwischen zwei Zigaretten oder nachts im Schlaf, da sind wir ja auch Nichtraucher. Wogegen ihr zwischen zwei Nichtrauchphasen eben keine Raucher seid: Das ist der Unterschied. Vom Rauchen leitet sich alles ab. Der Nichtraucher ist die Negation des Rauchers – und nicht etwa irgendwer aus eigenem Recht. Insofern sind wir eben alle Raucher – und Nichtraucher, das sind bloß jene unter uns Rauchern, die entweder eine kurze Pause machen oder gerade aufgehört haben oder den Genuß des Rauchens noch gar nicht kennen: Rauchzeichen aus dem beschädigten Leben. Soll man also munter weiterrauchen? Nein, natürlich muß man sich das Rauchen abgewöhnen, schon weil das so ein einsamer und heroischer Vorgang ist. Die letzte Zigarette wird am besten schmecken – und von Italo Svevos wunderbarem Romanhelden Zeno Cosini können wir lernen, daß man sein ganzes Leben damit verbringen kann, sich das Rauchen abzugewöhnen. So ist es richtig: Rauche jede Zigarette, als ob sie deine letzte wäre! Wir sollten alle aufstehen gegen den Krieg, rät die Evangelische Kirche. Und was dann, fragt der Katholik: eine Tasse Kaffee – und rauchen für Hans Eichel. Er braucht die Tabaksteuer.

CONTRA

Asche zu Asche

Johanna Adorján

Sicher, Rauchen sieht sehr gut aus und verleiht dem Rauchenden eine unangestrengte Lässigkeit, für die jemand ohne Zigarette sich schon ganz schön anstrengen muß. Rauchen hilft auch dabei, den Tag einzuteilen: Man kann sich auf eine Zigarette treffen, nach der nächsten Zigarette aber wirklich gehen oder so lange telefonieren, wie die Schachtel reicht. Entgegen der weit verbreiteten Meinung riecht Rauchen eigentlich auch ziemlich gut. Und es regt den Stoffwechsel an. Doch, und das muß an dieser Stelle einmal gesagt werden, Rauchen hat auch Nachteile. Da ist zum Beispiel die Sache mit dem Fahrtwind. Wer im Sommer (zur Erinnerung: Das sind die zwei Monate, in denen man nicht heizt) mit offenen Fenstern Auto fährt und sich eine Zigarette anzündet, hat es nicht leicht. Ständig weht ihm Asche ins Gesicht, Glut verirrt sich ins Wageninnere, verschwindet unter einem Sitz und versetzt den Rauchenden in eine Panik, die beim Autofahren nicht hilft. Oder die Sorge ums Kleingeld. Zu jeder Tages- und Nachtzeit wissen zu müssen, wieviel Münzen sich im Portemonnaie befinden, ob man also theoretisch in der Lage wäre, sich am Automaten eine neue Packung zu holen, das ist schon sehr mühsam. Und wie einem Raucher der Fünf-Euro-Schein so gar nichts bedeutet. Ist ja nicht mehr als eine Schachtel Zigaretten und zwei Euro. Und dann das schlechte Gewissen, daß man immer noch nicht aufgehört hat. Langstreckenflüge. Kleine Kinder, in deren Anwesenheit man nicht rauchen darf. Ärzte, die sorgenvoll gucken. Nein, es wird Rauchern wirklich nicht leichtgemacht. Nicht auszudenken, wie man sich fühlen würde, am Anfang so eines neuen Jahres, hätte man nicht schon lange aufgehört.

Sind Luxushotels überhaupt noch zeitgemäß?

PRO

Der Welteke ist nicht genug

Niklas Maak

Man kann sich vorstellen, wie Herr Welteke sich im Adlon zufrieden ein Glas Gratischampagner genehmigt und danach auf seinem Gratiszimmer in einen zufriedenen Schlummer fällt; man kann sich dagegen eher nicht vorstellen, wie er zum Wohl seines Landes über die nordkoreanische Grenze flieht, unter Gewehrfeuer aus einem Hubschrauber springt und danach eine schöne Bankspionin mit den Worten »Mein Name ist Welteke. Ernst Welteke« um den Verstand bringt – und das ist vielleicht das Problem: Wenn es einen ständig auf Staatskosten feiernden Luxushotelbewohner gibt, der von seinem Land geliebt wird, dann ist das James Bond und nicht Welteke, und im Gegensatz zu diesem verkörpert Bond auch das Wesentliche am Mythos Grandhotel. Bond läßt sich nicht von Banken einladen, er sprengt sie. Es geht nicht um Urlaub, Champagner und Kronleuchter (jedes zweite Reihenhaus sieht mittlerweile aus wie ein verschrumpeltes Grandhotel, jeder Angestellte urlaubt mehr als der reisewütigste Dandy des 19. Jahrhunderts). Es geht um das aufregende, unbedingte Leben, das dort stattfinden kann, um beglückende Unvernunft: das Leben riskieren für eine glückliche Nacht zwischen Marmor und Satin, das letzte Geld ausgeben für den besten Blick auf Nizza. Das Grandhotel (nicht das trübe Adlon mit seiner Plattenbaudeckenhöhe) ist ein Ort, an dem sich das Schicksal beschleunigt, an dem alles riskiert, alles gewonnen, alles verloren wird. Es ist das Gegenteil der flauen Geiz-ist-geil-Partys eines leicht angetüterten Mittelstandes, der nichts riskieren und nichts bezahlen will. Welteke, der geizige Reiche, wurde Opfer von ärmeren Geizigen, die ihren Neid aufs Gratisbesäufnis als Moral verkaufen – und in diesem Sumpf der Mittelmäßigkeit hilft nur: Mehr Grandhotel.

CONTRA

Zum Abschied leise Service

Johanna Adorján

Bei all den Vorzügen, die ein Luxushotel bieten kann (Roomboys, Liftboys, Doorboys), wird oft vergessen, auf die Gefahren hinzuweisen, die diese Einrichtung in sich birgt. Wer hätte sich nicht schon mal arg den Kopf geschlagen, als es ihn auf den spiegelglatten Marmorboden hinlegte; er sich nicht schon in der Dampfdusche die Hände verbrannt. Ganz zu schweigen von den Tücken, die ein Bidet so mit sich bringt. Sie alle kennen sicher die Geschichte von dem Gast, der sich bei der Morgengymnastik im Badezimmer mit den Hotelpuschen im beheizbaren Handtuchhalter verhedderte, die Balance verlor, im Fallen etliche, vom Haus aufmerksamerweise kostenlos zur Verfügung gestellte Luxus-Toilettenartikel mit zu Boden riß und schließlich mit dem Gesicht auf den Steinstufen, die in den Whirlpool führen, zum Liegen kam. Sein Schrei wurde von den kniehohen, schweren Teppichen geschluckt, die den Boden seiner Suite säumten; in der Lobby spielte der Pianist gerade »Für Elise« auf dem schwarzglänzenden Steinway-Flügel, der sich abends so vortrefflich zum Abstellen kleiner Schälchen mit Salzgebäck eignete. Er wurde erst am Nachmittag gefunden, als der Bügelservice den Smoking brachte, dampfgeglättet. Das jedenfalls erzählte die für ihre Diskretion international berühmte Hoteldirektion der hinterbliebenen Ehefrau. Daß er in Wahrheit von den Prostituierten gefunden wurde, mit denen er die Nacht verbracht hatte, sie sollte es nie erfahren – (dabei hätte es sie in ihrer Trauer vielleicht trösten können, daß es sich dabei nicht um arme, aus der Ukraine geflohene Mädchen gehandelt hatte, sondern um gestandene Rheinländerinnen). Das schwarzverbrämte Beileidsschreiben des Luxushotels zierten fünf goldene Sterne.

Brauchen wir die Formel 1?

PRO

Im Kreis gefahren

Claudius Seidl

Auch ich drücke gern mal den Fuß nach unten, so lange, bis die Tachonadel bei 250 steht, nachts, auf der Bundesautobahn zwischen Nürnberg und München, wo nur die Hirsche in den umliegenden Wäldern einen Schreck kriegen von dem Lärm, den so ein Turbolader macht, besonders in der Morgendämmerung, wenn sonst überhaupt nichts zu hören ist. Autofahren ist kein Mittel der Fortbewegung (mit dem Zug kommt man bequemer voran), Autofahren ist Rausch und pure Verschwendung – und schon insofern ist es sehr beruhigend, daß es Typen wie diese Schumachers gibt; Männer, die viel mehr Benzin verbrennen und schneller fahren, und trotzdem heben sie nicht vom Boden ab, und ihre Fahrzeuge fallen nur selten auseinander. Früher glaubte man, daß jede Bewegung, die schneller sei als ein galoppierendes Pferd, für Menschen tendenziell tödliche Wirkungen habe. Heute wissen wir: Raserei ist kein Laster, sondern ein Sport. Klar, früher hatten Autorennen mehr Stil: wenn die Playboys im Pariser Ritz saßen und dann wetteten, wer von ihnen als erster in Madrid ankommen werde. Damals gab es auch für Rennfahrer noch Gegenverkehr, und angehalten wurde nicht an der Box, sondern besser an einer Bar. Und wenn das Rennen zu Ende ging, war man an einem schöneren Ort und außerdem ein bißchen betrunken. Wogegen heute die Schumachers, wenn sie die Ziellinie überqueren, im Grunde keinen Schritt weitergekommen sind. Aber wenn man sich andererseits daran erinnert, wie tölpelhaft sich Michael Schumacher im sogenannten wirklichen Leben verhält, wie dumm er daherschwätzt, wie borniert er guckt: Dann weiß man, daß so einer sehr gut aufgehoben ist, wenn er immer nur im Kreis fährt. Ohne die geringste Berührung mit der Außenwelt.

CONTRA

Auf der Strecke geblieben

Nils Minkmar

Ça fait rêver«, man kommt ins Träumen, sagte Flaubert angesichts besonders markanter Fälle menschlicher Blödheit, und hätte es die Formel 1 damals schon gegeben, er wäre überhaupt nicht mehr erwacht. Der ganze Gestus der Sache ist einem ja aus dem Alltag wohlbekannt und grundsympathisch: Den haben so die Typen in Blaumann und Sandalen, die sich für begnadete Handwerker halten, wenn sie sich einen besonders teuren Schlagbohrer gekauft haben, sich dann mit höchstem Ernst dem Herstellen von Löchern widmen (wobei sie vor Konzentration nicht selten die Zunge aus dem Mund strecken) und schließlich ernsthaft Lob erwarten für die Arbeit der Maschine. Das ist die Formel 1: eine Mischung aus Hausmeisterehrgeiz und Autobahndränglerbrutalität. Oh, die Interviews dieser Brüder. Das immergleiche stumpfe Halblächeln, wie ein Rictus festgefroren. Oder die freudlose Freude, wenn das von hingebungsvollen Spezialisten (von denen man sich auch wünschte, sie würden ihr Know-how irgendwie in den Dienst der Menschheit stellen) gebaute, komplett lebensuntüchtig wirkende Autochen mal schneller gefahren ist als ein anderes solches Autochen. Sonstige Statements dieser Leute, etwa zu allgemeinen, die Menschheit interessierenden Fragen? Totalausfall, eine flache durchgehende Linie, Wahl- und Steuerabstinenz, keine Meinung, niemand zu Hause und auch noch stolz drauf. Manche sagen, das Schweigen sei immer noch besser, als wenn sie das äußerten, was man, in einem mutigen Augenblick, vermuten kann, was da so im Kopf wabert. Ich weiß nicht. Mich packt beim Blick in diese matten, leicht brutalen Augen der Horror. Ich denke da, knallhart, an Heidegger: »Wovor hast Du Angst?« »Vor Nichts.«

Darf man wieder Bilder malen?

PRO

Die Pinsel der Glückseligen

Peter Richter

Es wird schon seine Bedeutung haben, daß es »Höhere Wesen« waren, die eines Tages dem Künstler Sigmar Polke gut gelaunt reimend »befahlen«, etwas auf eine Leinwand zu »malen«. Die Geschichte hat es gezeigt: Ziemlich genau in dem Augenblick, als Rauschenberg die ersten Combine-Paintings machte und alle an ihren »letzten Bildern« malten, um die Gattung dann endgültig zu beerdigen, rutschte die Welt in die Kuba-Krise und an den Rand eines Atomkrieges. Daß die bildende Kunst seither am liebsten eine Welt zeigt, die so aussieht, als hätte dieser Krieg irgendwie bereits stattgefunden, spricht um so mehr dafür, daß wir wieder mehr Malerei brauchen. Besonders in Deutschland. Denn was die zuletzt so erfolgreiche hiesige Fotokunst jetzt jahrelang an zurechtästhetisiertem Vorstadtelend und Autobahntristessen aufgeführt hat: Das ist erstens wegen der vielen technischen Manipulationen auch nur eine uneingestandene Form der Malerei und letztlich so eskapistisch, daß man sich nur wünschen kann, jemand möge sich und uns endlich bessere Welten ausmalen. Man braucht zur Welterkenntnis nicht unbedingt teure Struffsky-Fotos, ein Fenster tut's auch. Die Totsager halten die Malerei ganz gut am Leben. Oft entstehen Gemälde nur aus diesem Trotz. Das ist natürlich zu billig. Aber wenn jetzt wieder so viele Gemälde kommen und in Konkurrenz treten, werden auch wieder Qualitäten sichtbar. Das ist schon deshalb erfreulich, weil sich die Güte der künstlerischen Ideen viel zu lange gut durch die technischen Unzulänglichkeiten der Videokunst vernebeln ließ. Wenn der Kunstmarkt so einer brillanten Idee jetzt im traditionellen, aber populären Medium der Malerei Asyl gewährt – dann wird sie wenigstens sichtbar.

CONTRA

Leinwände des Schreckens

Claudius Seidl

Ob das Malen der Gesundheit schade, läßt sich leider noch nicht abschließend klären – einerseits ist es sicher nicht gut für den Körper, wenn er dauernd den Ölfarben und den Lösungsmitteln und deren ganzen giftigen Dämpfen ausgesetzt ist; und andererseits hat kaum einer soviel gemalt wie Pablo Picasso, der aber noch im hohen Alter an der Côte d'Azur so lustig herumsprang, als hätte er ausschließlich mit Olivenöl gemalt, und zwar extra vergine, aus biologischem Anbau. Wichtiger als die Frage nach den Künstlern ist die nach deren Publikum: Brauchen wir wirklich noch mehr Gemälde? Wird nicht jedes Jahr irgendwo wieder eine Pinakothek eröffnet oder ein Museum der Phantasie oder auch eine alte Lagerhalle, die man zum Ausstellungsraum umgebaut hat, weil in den Kellern und den Speichern und bei Herrn Flick ohnehin so viele Bilder herumstehen und -liegen, daß man ein Leben dafür brauchte, die alle gründlich zu studieren. Allein in die neueste Münchner Pinakothek möchte man ja mindestens eine Woche lang jeden Tag aufs neue gehen, weil man dann erst so ungefähr begriffen hat, worum es hier eigentlich gehen könnte. Insofern wäre es eine ökologische Notwendigkeit, das Malen, wenn nicht zu verbieten, dann jedenfalls an ganz strenge Auflagen zu binden. Ölfarben werden streng rationiert – und dann, lieber Neo Rauch, malen Sie einen schönen monochromen Mark Rothko nach, für jene, die zum Original nicht reisen können. Danach einen Comic, ein paar Suppendosen, betende Hände! Aber bitte keine Phantasie, keine Erfindungen, nichts, was man nicht schon tausendmal gesehen hätte. Helmut Schmidts genialer Satz, wonach, wer Visionen habe, einen Arzt brauche, richtete sich an die Maler.

Sollen Schnäppchen verboten werden?

PRO

Fressen und Moral

Peter Körte

Erst kommt das Fressen, dann die Moral, hat bekanntlich Brecht gesagt, aber vermutlich konnte sich der arme Mann aus Augsburg, der sein kalifornisches Exil haßte, weil es dort kein frisches Bauernbrot mit Butter gab, nicht mal im Traum vorstellen, daß der kapitalistische Staat sich eines Tages derart um das leibliche Wohl seiner Bürger sorgen würde, daß er ein Verbraucherschutzministerium einrichtet, das auf dem Verordnungswege dem Körnerbiobrot zum Triumph über den Papptoast verhelfen möchte. Womöglich wird man künftig noch eine Kampagne gegen »Preisluder« entfachen, weil »Luder« in der Jägersprache Köder (und Aas) bedeutet. Im »Schnäppchen«-Krieg erscheint kein Irrsinn mehr unmöglich, obwohl als erstes einmal jenes lächerliche Wort ministeriell verboten gehörte, das schon als Diminutiv zur Welt gekommen ist. Die Sache aber wollen alle, weil noch im Verbraucher, der die Supersonderangebote sichtet, der alte Jäger steckt, der die Preisschilder so aufmerksam studiert wie die Fährte des Wildes. Daß die einen, die heute mit der Plastiktüte statt mit Pfeil und Bogen auf die Pirsch gehen, die billige Beute vorziehen, während andere lieber der Hirschkuh mit dem zartesten Fleisch nachstellen, das war schon so, als unsere Vorfahren die Lautfolge »Geiz ist geil« noch nicht einmal grunzen konnten. Im übrigen trägt es den Discounter irgendwann aus der Kurve, der vor lauter Dumping den Profit vergessen hat. Oder vor die Kartellbehörde, weil der Verkauf unterm Einkaufspreis längst verboten ist. Und daß sich mancher vor lauter steigenden Abgaben gar nicht mehr leisten kann, die Produkte zu kaufen, die er vielleicht möchte, ist weniger eine Frage der Moral als der Politik, deren Konsistenz an jene wäßrigen Schnitzel erinnert, die sie uns ersparen möchte.

CONTRA

Sattheit und Sittlichkeit

Claudius Seidl

Wenn der Deutsche ißt, muß es viel und billig sein – und genau so schmeckt das deutsche Essen auch: im Grunde ungenießbar. Hühner schmecken nach Fischmehl, Frikadellen nach Pappe, die Döner nach langsam geröstetem Hundefutter. Seltsam genug, daß die Leute nach deren Verzehr nicht zu bellen beginnen; vermutlich halten aber neunundneunzig Prozent aller deutschen Kinder das Huhn für einen Bewohner des Meeres: Es schmeckt ja so – wobei andererseits die Lachse weniger nach Meer und mehr nach Moor schmecken oder nach dem Schlamm, den sie in den Zuchtfarmen vor Verzweiflung fressen. Wer so etwas auf seinen Teller bringt, habe selber schuld, könnte man sagen – wenn das nicht ungerecht gegen die Raucher wäre. Die müssen, weil Zigaretten schlecht für die Gesundheit sind, demnächst höhere Beiträge an die Krankenkassen zahlen: Ist eine Pappbulette gesünder als eine Zigarette? Wird der Mensch, der Schlammlachs und Fischhühner ißt, nicht selber ein bißchen fischig, schlammig, krank? Früher kannte der Mensch noch die Kuh beim Namen, deren Hüfte er sich in der Pfanne briet, und die Naturvölker entschuldigen sich heute noch bei dem Wild, das sie eben getötet haben; in ihren Nächten hören sie das Gemüse sprechen. Kein Wunder also, daß man im armen Kamerun bereit ist, sich die gebratene Klapperschlange etwas kosten zu lassen, während die reichen Deutschen noch immer nicht einsehen, daß das Essen überhaupt etwas kosten soll: Wieso, das Wasser kommt doch auch aus der Leitung. Liebe Deutsche! Wenn es hier Manna regnete und von drei Fischen tausend Leute satt würden, dann wären wir das erwählte Volk. Da wir das aber offensichtlich nicht sind, kostet das Essen eben Geld. Und gutes Essen gutes Geld.

Wollen wir Katja Riemann wiederhaben?

PRO

Kein Einzelfall

Johanna Adorján

Mein Name ist Johanna, und ich mag Katja Riemann. Es hat mich einige Überwindung gekostet, das hier so vor all den Leuten zuzugeben, aber jetzt, wo es raus ist, fühle ich mich doch einigermaßen erleichtert. Ja, ich mag Katja Riemann. (Jetzt geht es auch schon viel leichter.) Leider reagieren immer noch viele erschrocken, wenn sie das hören, dabei glaube ich, die Dunkelziffer der Menschen, denen es ähnlich geht wie mir, ist viel höher als allgemein angenommen. Nein, ich weiß es – ich weiß, ich bin nicht alleine. Und ich kann der Jury in Venedig gar nicht genug dafür danken, mich von der Angst befreit zu haben, ein Einzelfall zu sein. Denn das war das Schlimmste. Das Gefühl, abnorm zu sein, anders als alle anderen. Es ist schön zu wissen, daß da draußen noch andere sind. Wie hat es eigentlich angefangen? Es ist Jahre her, Jahrzehnte beinahe, daß ich zum ersten Mal mit Katja Riemann in Berührung kam. Ich sah sie in einem Film namens »Abgeschminkt«, und ehrlich gestanden, ich mochte sie sofort. Sie war so nüchtern und auf den Punkt, dabei sympathisch und voller Energie. Klingt schrecklich, diese Beschreibung? Erinnern Sie sich daran, wie das erste Glas Wein geschmeckt hat, wie die erste Zigarette – es ist nicht immer ein Hals-über-Kopf-Anfang, langjährige Beziehungen, vor allem einseitige, fangen oft schleichend an. Es gab auch schlechte Zeiten. Krisenzeiten. Ihre Platte, ihre Rastazöpfe. Vergessen und vorbei! Nächste Woche kommt »Rosenstraße« ins Kino, ihr neuer Film, und ich freue mich schon drauf, Katja Riemann endlich wieder auf der Leinwand zu sehen. Und wenn ich dann im dunklen Saal sitze, der voll sein wird, wetten?, werde ich die Hand meines Nachbarn drücken: Wir sind nicht allein.

CONTRA

Ein Unfall

Peter Körte

Es gibt das Gerücht, daß sie nach einem besonders bösen Artikel einmal zwei Tage lang geweint habe. Mal unvoreingenommen angenommen, das Gerücht sei wahr, dann paßt es so gut zu ihr, daß man es wieder für erfunden halten muß. Man wollte sich eigentlich gar nicht mehr daran erinnern, auch nicht an all die trostlosen deutschen Filmkomödien aus der Mitte der neunziger Jahre, die ein Gesicht hatten, das so patent, so langweilig, so geheimnislos und so unerotisch wirkte wie das von Katja Riemann. Und weil man kein böser Mensch sein will, möchte man auch vergessen haben, daß schon 1996 Detlef Bucks Film »Männerpension«, der zu solchem Übermut keinerlei Grund hatte, mit dem Zusatz »garantiert Riemannfrei« beworben wurde. Leider hat dann Katja Riemann auch noch eine CD gemacht, die sie gräßlich prätentiös »Nachtblende« nannte und für deren Booklet sie sich auszog. Sie nannte das »Fotos ohne Kleidung«, was ziemlich verklemmt und kunstgewerblich klang. Da hörte man dann das Stück »Nimm mich noch einmal«, und vermutlich hat die Regisseurin Margarethe von Trotta es so verstanden, daß sie der Sängerin eine Rolle in »Rosenstraße« geben sollte. So gemein zu sein, die beiden größten Nervensägen und Biederfrauen des deutschen Kinos in Verbindung zu bringen, hätte man sich denn doch nicht getraut. Wenn aber das Unheil einmal seinen Lauf genommen hat, kommt auch noch eine venezianische Jury und vergibt einen Schauspielerpreis. Man wagt kaum, die Geschichte so zu erzählen, weil alle sie für eine bösartige Erfindung halten. Es ist aber die Wahrheit, und die Wahrheit tut manchmal sehr weh, vor allem dann, wenn man gerade beschlossen hatte, kein böser Mensch mehr zu sein.

Ist Italien noch zeitgemäß?

PRO

Und jetzt Pasta!

Claudius Seidl

Natürlich wäre es besser gewesen, wenn schon damals, vor 1994 Jahren, der Feldherr Varus und nicht der Barbar Arminius die Schlacht im Teutoburger Wald gewonnen hätte. Da es nicht so kam, warten die Gegenden nördlich der Donau und östlich des Rheins noch heute auf die Zivilisation – und genau darum geht es in der Italienfrage. Es ist ja klar, Italien nervt, besonders wenn man dort ist: In Florenz kriegt man, weil da zuviel Kunst ist, Herzbeschwerden; auf Capri kostet zwar die Landschaft nichts, aber ein kleiner Kaffee bis zu fünfundfünfzig Euro; die Adria zwischen Venedig und Rimini ist die schrecklichste Gegend der Welt, und solange Italiens Regierungschef den Unterschied zwischen Ironie und Idiotie nicht kennen will, so lange werden wir noch nicht einmal einen schlechten Witz auf seine Kosten machen. Geschweige denn einen guten. Aber darum geht es ja gar nicht. Von Deutschland aus betrachtet, ist Italien nicht bloß ein Land, sondern vor allem ein Gedanke, der morgens nach Espresso und abends nach Basilikum riecht, und wenn dieser Gedanke spannend wird, läuft dazu auf dem Soundtrack die Titelmelodie des »Paten«. Deutsche, muß man jetzt leider sagen, Deutsche: Fahrt bloß nicht nach Italien! Denn was wir jetzt nicht brauchen, ist die Germanisierung Italiens. Was hingegen dringend not tut, ist die Italianisierung Deutschlands. Wer je bei einem Berliner Metzger nach der Mortadella gefragt hat, weiß, wieviel Arbeit da noch zu tun ist. Es gibt natürlich Ansätze, Kirch und Kohl, den Andenpakt, die IG Metall. Aber wer das schon mit italienischen Verhältnissen vergleicht, der verwechselt die Münchner Disco P1 mit der Loge P2 und war garantiert noch nie beim Jahrestreffen der Freunde der italienischen Oper.

CONTRA

Und jetzt Basta!

Peter Körte

Kann man ein Land ernst nehmen oder gar regelmäßig bereisen wollen, in dem zehn Millionen Menschen in einen Film von Roberto Benigni rennen? In dem die Menschen ständig darüber jammern, daß sie von straffällig gewordenen oder von Strafverfolgung bedrohten Politikern regiert werden, die sie dann unablässig wiederwählen? In dem weder der öffentliche Nahverkehr funktioniert noch die Wasserwerke in der Lage sind, im dritten Stock modernisierter Mietshäuser für soviel Wasserdruck zu sorgen, daß man beim Duschen naß wird? In dem Fußballspieler aussehen wie abgehalfterte Discotypen mit Goldkettchen und spielen, als hätte Mamma ihnen gesagt, daß sie nach allem treten sollen, was sich bewegt, zu welchem Zweck sie sich vor Betreten des Spielfeldes auch noch bekreuzigen? In dem man das architektonische Erbe von Jahrtausenden mit großer Geste restauriert, um am nächsten Tag wieder Horden von Vespafahrern und Fiatpiloten darauf loszulassen? In dem die eine Hälfte der Bevölkerung sich fragt, ob die andere Hälfte nicht doch in Afrika lebt? In dem diese andere Hälfte sich aufführt, als hätte sie vor, beim Schlagerfestival von San Remo als ihre eigene Folkloregruppe aufzutreten? In dem Menschen sich an einem Abend gleich zwei »Derrick«-Folgen hintereinander anschauen und in dem Fernsehshows Quotenhits sind, die nicht mal Neun Live zwischen drei und fünf Uhr morgens ausstrahlen würde? Vielleicht sollte man endlich die Form des Landes ernst nehmen und es abstreifen wie einen Stiefel, der schon lange drückt. Man wäre dann die Hühneraugen los und die Toskana-Fraktion gleich dazu. Und in den Urlaub fährt man nach Las Vegas, wo Venedig sowieso besser riecht und überdies klimatisiert ist.

Ist Radfahren gut für uns?

PRO

Mehr Kampf wagen!

Claudius Seidl

Heute ist ein schöner Tag. Die Fußgänger sind freiwillig zur Seite gesprungen, und nur einer hat sich dabei den Knöchel verrenkt. Der Hund, der neben dem Baum stand, hat laut geheult, als ich über seinen Schwanz fuhr. Und das Fluchen des Trambahnfahrers, den ich zu einer Vollbremsung zwang, habe ich nur ganz leise gehört: Ich war schon zu weit weg. Es ist eine Freude, ein Fahrrad zu fahren, und am schönsten ist es in unseren großen Städten, wo die Polizei ganz andere Sorgen hat. Was früher einmal Bürgersteig hieß, ist zum Fahrradspielplatz geworden – ein lebensgefährlicher Ort für Fußgänger. Was früher Fahrradweg hieß, wird nur noch die Kampfzone genannt: Hier herrscht der Krieg aller gegen alle. Autofahrer verstellen den Weg, Mülltonnen verbauen die freie Fahrt, es ist eine echte Herausforderung. Aber am schönsten ist der Kampf des Radfahrers gegen seinesgleichen, Mann gegen Mann, um jeden Quadratzentimeter auf der schmalen Fahrradbahn. Neulich hat ein böser Rentner versucht, mich vom Sattel zu holen, bloß weil ich ihn, der partout nicht ausweichen wollte, einen Penner und einen Blödmann schimpfte. Was sollte ich denn sonst tun: ihn umfahren, ihm alle Knochen brechen und dann abhauen (wie das neulich ein unbekannter Kampfradler auf der Berliner Friedrichstraße beziehungsweise deren Gehsteig tat)? Ich habe den Alten doch warnen wollen. Soll ich brüllen: »Achtung, Obacht, das war hier mal der Bürgersteig, aber inzwischen herrscht das Recht des Stärkeren, weshalb ich Sie, ja, genau Sie, mein Herr, dringend auffordern muß, zur Seite zu springen, weil eine Kollision mit meinem Fahrrad Ihrem alten Körper nicht guttun würde!«? Man sollte schärfere Gesetze erlassen gegen solche strohdummen Fußgänger.

CONTRA

Mehr PS zeigen!

Stefan Niggemeier

Natürlich ist es ein großer Spaß, an den Gruppen von Fußgängern, die sich, wie Milchkühe abends am Gatter, an den Bordsteinkanten unserer Städte versammeln, um dort geduldig und unbeweglich darauf zu warten, daß die Ampel auf Grün springt, mit dem Rad gerade so knapp vorbeizufahren, daß allen die T-Shirts flattern und mindestens einer von ihnen sich nur durch einen Sprung auf die Füße des Hintermanns retten kann. Das mit möglichst großem Tempo und geringem Abstand zu vollführen, ist nicht nur eine sportliche Herausforderung, sondern auch pädagogisch angemessen – alle Empirie deutet darauf hin, daß sich notorische Fußgänger nur durch Todesangst davon abbringen lassen, schon an der nächsten Ampel wieder auf der Radwegfläche Aufstellung zu nehmen. Leider ist es allerdings so, daß das Fahrrad, ultimativ gesehen, als Waffe zur Durchsetzung von Recht und Ordnung nicht taugt, weil es einen zur Rolle des Selbstmordattentäters verdammt. Ein Fußgänger, dessen Gehirn dann doch noch unerwartet eine Verbindung zwischen Sinnesorganen und Beinmuskeln herstellt und ihn zielsicher in unsere knapp kalkulierte Ausweichbahn führt, genügt, und wir haben beide eine Lektion fürs Leben gelernt – mal ganz abgesehen davon, daß es kaum eine demütigendere Position gibt, als verknotet, mit aufgeschürften Händen und Beinen unter dem Rad auf der Straße zu liegen. Sagen wir mal so: Kegeln würde ja auch nur halb soviel Spaß machen, wenn die Kugel aus Porzellan wäre und man immer darauf achten müßte, daß sie beim Umwerfen der Kegel nicht selber zerbricht. Nein, nicht Radfahren, Autofahren ist gut für uns. Und dann an der Ampel so knapp am Bordstein vorbei, daß die Fußgänger … aber das ist eine andere Geschichte.

Sollen Männer mehr weinen?

PRO

Heulen hilft

Claudius Seidl

Früher war ich eher retrosexuell, glaubte, daß Männer ihre Männlichkeit ständig dadurch beweisen müssen, daß sie schon vor dem Frühstück mit Whisky gurgeln, lieber nach Pferdepisse als nach Guerlain duften und nicht mal wissen, wie man Gemüse richtig schreibt. Früher, wenn ein Gefühl in mir hochstieg, bin ich ins Badezimmer gegangen und habe gewartet, bis es vorüber war. Früher stellte ich mir einen echten Mann immer wie ein Rauhbein vor – also so wie Friedrich Merz vielleicht oder, männlicher noch, wie Jürgen Peters von der IG Metall. Heute habe ich schon ein Müsli und einen Salat gegessen, und wenn es ums Kuscheln geht, weiß ich Bescheid: Man wird nicht, wie ich früher dachte, zu weich und ein bißchen blöd davon. Man wird mit Kuscheln erfolgreich. Wer sich vom Testosteron steuern läßt, kann vielleicht rückwärts einparken. Aber vorwärts kommt er damit nicht im Leben. Man muß sich doch nur Dieter Bohlen angucken, den bedeutendsten lebenden Deutschen: Der tut manchmal so, als wäre er ein harter Bursche – aber wenn er den Mund aufmacht und ins Mikrophon fistelt, traut man ihm jede Zärtlichkeit zu. Ich kann mir vorstellen, daß er täglich zehn Minuten heult, einfach so, weil er ein tiefes Gefühl spürt; auch um den Stoffwechsel anzuregen. Die Männer im Fernsehen: lauter Kuschler, bis auf Harald Schmidt. Unser Kanzler: Seit dem Geständnis, daß er im Kino geweint habe, wollen ihn 99 Prozent aller Frauen nicht bloß heiraten, sondern auch wiederwählen. Es muß daran liegen, daß die Frauen längst die Macht haben – und für den Fall, daß Angela Merkel unsere Bundeskanzlerin wird, möchte ich hier schon mal bekennen: Beim Schreiben dieser Glosse habe ich sieben Papiertaschentücher eingenäßt.

CONTRA

Tränen sagen nichts

Nils Minkmar

Der schönste Männermythos ist der von der coolen und rationalen Art, die man uns in frühester Kindheit gnadenlos andressiert haben soll. Es verhält sich aber genau umgekehrt: Schon im Sandkasten brüllen und heulen die Jungs derart, daß Mädchen früh lernen, es würdevoll zu übergehen. Der Phänotyp des modernen Mannes, Homer Simpson, kennt überhaupt nur zwei Betriebsarten: entweder weißglühende Wut oder aber heftiges Heulen auf Knien, ein Bild des Jammers. Männer weinen dauernd wegen irgendwas. In der Schröder-Biographie des heutigen Regierungssprechers Béla Anda steht, daß Gerhard Schröder bei fast jedem Film im Kino weinen muß, ganz unabhängig von der politischen Großwetterlage. Ohnehin wird die Dramatik von Tränen überschätzt. In meiner Familie weint Onkel Adrien am heftigsten. Er ist Algerienfranzose und erinnert sich nach jedem langen Essen an seinen lieben arabischen Kindheitsfreund, den guten Mamounette. Sobald er also anfängt, nach einigen Gläsern von damals zu erzählen, vom blauen Himmel über Oran, der Schulzeit in der Hitze und der Güte und Liebenswürdigkeit von Mamounette, hebt ein Schluchzen an, Tränen strömen über sein Gesicht, und er kann kaum noch den vielsilbigen Namen des alten Freundes rausbringen. Lange hat es gedauert, bis jemand sich, taktvollerweise bei seiner Frau, meiner Tante, nach dem Schicksal des arabischen Freundes zu erkundigen wagte: Hatten der Bürgerkrieg und die Vertreibung die Jugendfreunde zu Feinden gemacht? Ist Mamounette verschollen oder tot? Och nö, war die Antwort, Mamounette lebt seit vielen Jahrzehnten in Frankreich, in derselben Stadt wie mein Onkel, und die beiden treffen sich jeden Samstag zum Einkaufen.

Brauchen wir noch Geheimdienste?

PRO

Pankow, wie dumm!

Peter Richter

Anfang der achtziger Jahre gerieten zwei junge Erfurter Punk-Musiker an ein beredtes Bürschchen mit Nickelbrille und Windel um den Hals, das sich zuvor schon in eine zeittypisch schrill vor sich hin trötende Dresdner Kunststudentenkapelle hineingedrängelt hatte. Man könne vielleicht, illegal natürlich, eine Platte mit DDR-Underground im Westen rausbringen, er habe da so Kontakte. So kam Westdeutschland zu einer bis heute als Rarität gehandelten Schallplatte mit dem Titel »DDR von unten«. Die Erfurter Punk-Band kam für lange Zeit ins Gefängnis. Und der Mann hinter der Nickelbrille kam in den Dissidentennischen von Berlin-Prenzlauer Berg groß raus. Er hieß im übrigen Sascha Anderson und ist bis heute der beste Beweis dafür, daß ein kultivierter Staat selbstverständlich einen ordentlichen Geheimdienst braucht. Und zwar weniger zur Erhaltung des Staates als der der Kultur. Denn interessant sind ja immer eher die sogenannten »kritischen Töne« – und wenn die einfach nicht kommen wollen, weil niemand was an dem Staat zu kritisieren hat, dann muß er sie eben selber machen. Kein Wunder, daß die Stasi das Ende der DDR nicht verhindern konnte, wenn sie alle Hände (und das waren nicht gerade wenige) voll zu tun hatte, das Kulturleben zu organisieren: bei Konzerten die Hälfte des Publikums zu stellen und oft gleich auch die Hälfte der Band. Auch die bundesdeutschen Geheimdienste sollten lieber die Finger von der Gefahrenabwehr lassen und sich lieber weiterhin um den Vertrieb rechtsradikaler Musik kümmern. Das machen sie nämlich, soweit das unprofessionellerweise bekanntgeworden ist, schon sehr gut. Warum die Bundeskulturstiftung ausgerechnet in Halle sitzt, ist dagegen immer noch geheim, aus gutem Grund.

CONTRA

Pullach, warum?

Claudius Seidl

Kurz nachdem jede Nachrichtenagentur, jeder Radio- und jeder Fernsehsender gemeldet hatte, daß Saddam Husseins Söhne vermutlich tot seien, gab auch der deutsche Auslandsgeheimdienst bekannt: Saddams Söhne vermutlich tot. Aha, dachte sich da der Steuerzahler, dafür haben sie all ihre Wunderwaffen und Supergeräte: Die deutschen Geheimagenten hocken in Pullach herum und sehen fern. Vielleicht sehen sie ein wenig ferner als unsereiner, aber allzu groß kann der Unterschied nicht sein. Allzugroß kann auch der Unterschied zum Geheimdienst der DDR nicht sein, der über die größte Spitzeldichte der Welt verfügte – und den Untergang der DDR auch dann erst kommen sah, als er im Fernsehen übertragen wurde. Und vielleicht wäre das ja endlich eine Aufgabe, welcher die Geheimdienste dieser Welt gewachsen wären: Nie wieder Prognosen wagen! Nur noch feststellen, was ist: »Mister Bond, fliegen Sie auf kürzestem Weg nach Mauritius und überprüfen Sie dort, ob zwei mal zwei unter allen Umständen vier ergibt!« Insofern darf man wohl auch die amerikanischen Geheimdienste nicht zu heftig dafür tadeln, daß sie die Anschläge vom 11. September 2001 nicht verhindert haben. Immerhin haben sie die Katastrophe, als sie geschehen war, zur Kenntnis genommen als das, was sie war. Stimmt leider nicht: Ein erheblicher Teil der deutschen, der französischen und vermutlich auch der amerikanischen Öffentlichkeit glaubt ganz fest, daß der 11. September nicht das war, als was er uns erschienen ist. Vielmehr sei da die große Weltverschwörung im Gange. Warum glauben die Leute so einen Quatsch? Weil sie sich nicht vorstellen können, daß CIA, FBI und all die anderen den Anschlag nicht verhindern konnten. Dagegen hilft nur eins: Abschaffen! Alle!

Sind Gedichte noch zeitgemäß?

PRO

Lyrik ist Liebe

Nils Minkmar

Ich habe die achtziger Jahre erlebt und kann mich – entgegen Falcos berühmtem Spruch – auch an sie erinnern. Ich tue das bloß nicht so gern, weil ich mich dann vor allem an eine Szene erinnere. Sie spielt im Herbst 1984 in der Cafeteria des Kaufhauses Karstadt in Gießen. Dort las die damals sehr erfolgreiche Lyrikerin Kristiane Allert-Wybranietz, deren schlimme, sentimentale Minigedichte sich bei mir zu einer wirklichen Obsession ausgewachsen hatten. Obwohl ich sie verabscheute, murmelte ich sie dauernd vor mich hin, wobei mein Haß wuchs. Diese Lesung sollte mich erlösen. Vor allem ältere Damen vom Lande waren gekommen, und wenn ich mich recht erinnere, stand nach jedem Gedicht – das freudlos dazu ermunterte, das Leben zu genießen – eine auf, um der Autorin zu danken, nicht selten auch mit Tränen in den Augen. Obwohl ich damals, mit 17, keine spezielle Einladung brauchte, mich über meine Zeitgenossen lustig zu machen, versagte meine ironische Mordlust. Die Damen aus dem Publikum taten mir leid. Sie hatten ein schweres Leben, wurden mit schlechter Lyrik abgespeist und dachten sich, besser als nichts. So holte mich das Grundgefühl der Achtziger, das berüchtigte Zwillingspaar »Wut und Trauer« nicht wegen Nicaragua oder der Pershings ein, sondern wegen schlechter Verse. Aber sogar die funktionieren. Um wieviel mehr können schöne Verse erfreuen und erlösen, etwa F. W. Bernsteins geniales »Schwer was los«. Sie wiegen nichts, sind leichter als Luft und fügen sich in den schmalsten Raum. Um das wunderbare medienkritische Fußball-70er-Jahre-Vorort-Gedicht des großen saarländischen Lyrikers Arnfrid Astel hinzuschreiben, reichen zwei Zeilen. Es heißt Endspiel: »Die Straßen sind so leer, man könnte Fußball darin spielen.«

CONTRA

Poesie ist Pose

Claudius Seidl

Wer Gedichte auswendig weiß, kann damit den Frauen sehr gut imponieren. Brechts Terzinen zum Beispiel, in denen »die Liebe Liebenden ein Halt« scheint, kommt immer gut, und Paul Verlaines »Grand sommeil noir«, französisch vorgetragen, wirkt besser als ein Jaguar, und Hölderlin, ausgewählte Zeilen aus der »Friedensfeier«, weil »Hälfte des Lebens« so ein Gassenhauer ist, und dann vielleicht, wenn die Laune gut ist, »Weltende«, von Jakob van Hoddis, »der Sturm ist da, die wilden Meere hupfen an Land, um dicke Dämme zu zerdrücken …«, und dann erst, Shakespeares Sonette, die hatte ich mal als Word-Datei auf dem Computer und habe sie aus Versehen alle ausgedruckt; die lagen also quasi als Schmierpapier herum, und dann haben wir daraus Papierflieger gebastelt und sie vom Balkon im zweiten Stock hinunter auf die sommerliche Straße fliegen lassen, und natürlich hat es nicht immer die Richtige getroffen, aber häufig eben doch, und das war schon ein umwerfender Anblick, wenn eine Frau im Sommerkleid den Papierflieger auseinandergefaltet und die Zeilen gelesen hat und dachte, das wäre extra für sie so schön und auf englisch gedichtet, und falls sich einer richtig mies fühlt und Trost sucht, darf er auf keinen Fall eigene Worte für sein Elend suchen, sondern muß Nietzsche zitieren, »die Welt – ein Tor zu tausend Wüsten, stumm und kalt. Wer das verlor, was du verlorst, macht nirgends halt«, das wirkt eigentlich immer und läßt den, der es aufsagt, nicht selbstmitleidig wirken, sondern groß und einsam, und wer sich davon nicht rühren läßt, hat ein Herz aus Beton, und jemandem, der sich von Gedichten nicht rühren läßt, muß man aus dem Weg gehen. Aber eine seriöse Beschäftigung mit Lyrik ist so etwas eben nicht.

Können wir uns 16 Bundesländer noch leisten?

PRO

Freiheit für Franken

Claudius Seidl

Als Deutschland nicht geeint war und nicht mal entzweit, sondern bloß das bunte Patchwork in der Mitte der europäischen Landkarte, ein loser Zusammenschluß von Territorien also, deren Herrscher selber entscheiden durften, ob sie dem Kaiser im fernen Wien gehorchen wollten oder nicht: Da mußte man sich dieses Deutschland als äußerst friedliche Gegend vorstellen. Die Bayern verbündeten sich zwar gelegentlich (und immer zu ihren Ungunsten) mit den Franzosen, fielen aber sonst weder durch Chauvinismus noch durch Aggressivität besonders auf. Die Hamburger beschränkten sich nach dem Niedergang der Hanse ganz auf die Geschäfte. Und die Österreicher taten, was ihnen schon damals der Volksmund empfahl: Sie heirateten, statt Kriege zu führen. »Ich liebe Deutschland so sehr, daß es immer zwei davon geben sollte«, sangen, angeblich, kurz nachdem Helmut Kohl und seine Strickjacke mit Gorbatschow die Wiedervereinigung ausgehandelt hatten, Giulio Andreotti, Maggie Thatcher und François Mitterrand im Chor – aber die sind beziehungsweise waren ja auch Ausländer. Wir Deutsche sollten Deutschland noch mehr lieben und uns also noch mehr davon wünschen. Sechzehn Bundesländer sind nicht genug: Höchste Zeit, daß Franken sich von Bayern abspaltet, das katholische Mainfranken sich von den Protestanten rund um Nürnberg trennt, Nürnberg wieder selbständig wird, als freie Reichsstadt, welche nur dem Kaiser zu gehorchen hat, und das auch nicht zu sehr. Ach so, wir haben keinen Kaiser mehr, und wenn es einen gäbe, säße der in Wien, das gar nicht mehr zu Deutschland gehört? Bayern ist eine Erfindung der CSU, Hamburg eine von Gruner und Jahr? Vielleicht sollten wir um Aufnahme in Österreich bitten.

CONTRA

Saarlouis soll schweigen

Nils Minkmar

Es ist wie mit den Hexen in der Frühen Neuzeit: Je mehr über Regionen geredet wird, desto mehr glauben die Leute, welche zu sehen. Wer durch das Land fährt, der erkennt zwar, daß es überall gleich aussieht – es gibt die Fußgängerzone, die Einkaufszentren, die Gewerbegebiete und die Vororte, in denen die Menschen schlafen –, aber wehe, man fängt an, über die regionalen Unterschiede zu reden, dann behaupten alle, zwischen den Kulturen von Saarlouis und Saarbrücken sei eine minimale Verständigung praktisch nur durch geschulte Ethnologen unter UN-Aufsicht herzustellen. Und hierzulande wird ja dauernd über Regionen geredet. Kein Wunder, daß schon die Regionalnachrichten der Dritten Programme eigene »Regionalfenster« öffnen müssen, um die bunte, eigensinnige Kultur, die die Zuschauer von Aachen-Süd pflegen, nicht mit der zentralistisch-dogmatischen Sicht von Aachen-Nord zu unterdrücken. Zwar stört es keinen, tausend wichtige Dinge im Internet zu erledigen oder mit Call-Center-Agenten aus dem Nirgendwo seine heikelsten Geldgeschäfte zu besprechen, aber wehe, das örtliche Rathaus, auf dessen Linoleumfluren und Gummibaumblättern seit Jahren der Staub liegt, soll im Zuge einer Eingemeindung nur noch als Stadtteilsvertretung der nächstgrößeren Gemeinde weiterbestehen, dann erhebt sich ein Aufstand gegen die totalitäre Dominanz Saarbrückens über die Einwohner von Dudweiler. So führte etwa im Saarland die Kommunalreform von 1977 zu einer bis heute anhaltenden Serie von tätlichen Angriffen gegen die neuen Ortsschilder. Es brauchte schon einen neuen Napoleon, um den Regionalismus zu beenden, und der wird, das ist eben historische Dialektik, aus dem Saarland kommen müssen.

Gibt es wirklich nur ein' Rudi Völler?

PRO

Einer für alle

Claudius Seidl

Einer ist keiner, heißt es bei Brecht, und über weniger als zweihundert müsse man gar nicht erst reden. Und weil Brecht zwar nicht immer recht hat, in diesem Fall aber schon, wäre die Aussage »Es gibt nur einen Rudi Völler« gleichbedeutend mit dem Satz »Es gibt keinen Rudi Völler«, und diese Aussage scheint der reine Unsinn zu sein, weil ja fast jeder von uns schon mal Völler im Fernsehen oder in der Zeitung oder auf einem Plakat gesehen hat, was, gemäß George Berkeleys Prinzip »esse est percipi«, als Beweis seiner Existenz völlig genügen würde – aber, was Völler angeht, ist die Sache eben schwieriger. Man muß nicht gleich ein verbohrter Verschwörungstheoretiker sein, einer, der glaubt, die Mondlandung sei in Arizona nur fürs Fernsehen inszeniert worden und ins Pentagon sei kein Flugzeug gestürzt, um sich mal die simple Frage zu gestatten: Wo war denn Völler, bittesehr, als unsere Jungs gegen Ungarn verloren haben, wo war er, als Rumänien die deutsche Mannschaft gedemütigt hat, wo war er, als uns Frankreich schlug? Er war sichtbar, es stand da ein Mann am Spielfeldrand, der hatte graue Haare und ein rudivöllerhaftes Gesicht, und vermutlich hat er auch Völlerdialekt gesprochen, aber er war nicht wirklich da, er hinterließ jedenfalls keine Spuren in der Wirklichkeit, es spielte keine Rolle, daß die Mannschaft einen Trainer hatte, weil sie nicht so spielte, wie eine Mannschaft mit einem Bundestrainer spielen sollte. Rudi Völler war insofern inexistent, als er von jenen nicht wahrgenommen wurde, auf die allein es angekommen wäre: von der Mannschaft. Wenn Völler aber für seine Mannschaft nicht existiert, dann existiert er gar nicht, dann ist es egal, ob es ein' Rudi Völler oder gar keinen gibt, und Hitzfeld sitzt vor dem Fernseher und grinst.

CONTRA

Es kann nur viele geben

Peter Körte

Früher, als noch der unsterbliche schottische Schwertkämpfer namens »Highlander« zwischen dem 16. und dem 20. Jahrhundert pendelte, hieß es schlicht und klar: »Es kann nur einen geben«, und alle fanden das einleuchtend, weil einer von der Sorte wirklich reichte. Dann gab es leider doch ein Sequel mit einem anderen Titeldarsteller, welches den Verdacht nahelegte, Berti Vogts sei unterdessen zum Teamchef der schottischen Schwertkämpfer geworden, und schon war's vorbei mit der Einzigkeit. Aber große Männer weckten schon immer Zweifel, daß es sich bei ihnen um eine einzige Person handle. Nehmen wir nur Caesar, dem man schon im Lateinunterricht nicht abnahm, daß er im Gallischen Krieg ständig mehrere Dinge auf einmal tun konnte. Oder Marx, der prophezeite, der Mensch der Zukunft sei morgens Jäger, mittags Fischer und abends kritischer Kritiker – und damit recht behalten hat. Im Zeitalter der Patchworkbiographien und der multiplen Persönlichkeiten ist nun die Vorstellung vollends unhaltbar geworden, daß einer bloß einer sei. Schon bei Kaiser Beckenbauer war ja zweifelhaft, ob der Suppenesser und Malzbiertrinker von damals und der Mobiltelefonierer und Weißbiertrinker von heute ein und dieselbe Person seien. Und wenn schon das kleine »u« im Rudi nach Vervielfältigung schreit, wenn der Mann gelegentlich auch als »Tante Käthe« erscheint oder als schimpfender Schachtelteufel, dann ist der eine Rudi nicht mehr zu retten. Allein schon deshalb nicht, weil vor der letzten EM in den Niederlanden ein Sticker mit dem Bild des Teamchefs im Handel kursierte, den der Hersteller auf Toilettenschüsseln zu kleben empfiehlt. Da halten wir es lieber mit Che Guevara: Schafft ein, zwei, viele Rudis!

Brauchen wir Österreich?

PRO

Eine schöne Illusion

Claudius Seidl

Für die meiste Zeit seiner Existenz war Österreich eine abgelegene Provinz am Südostrand Deutschlands, ein Herzogtum, dessen Herrscher, eine Familie aus der Schweiz, nur deshalb später zu einiger Bedeutung gelangten, weil sie, im Hauptberuf, auch Könige von Böhmen und Kaiser des Deutschen Reiches waren. Der Dialekt, den die Leute dort sprechen, ist eine Unterform des Bairischen, die Sprache, die sie schreiben, heißt Deutsch. Der Mann, dessen Profil sie auf Schokoladenkugeln pressen, stammte aus Augsburg, wurde in Salzburg geboren – weder das eine noch das andere gehörte zu Mozarts Lebzeiten zu Österreich. Und die Wiener Küche, die tatsächlich wunderbar ist, basiert auf böhmischen und ungarischen Rezepten. Insofern ist es überflüssig, die Abschaffung Österreichs zu fordern – das ganze Land ist ja eine Illusion, welche sich nur dem übermäßigen Genuß von Kalbsbeuscherln, Marillenknödeln und Heurigem verdankt. Es ist allerdings eine sehr schöne Illusion, an welche nicht nur die Österreicher glauben. Bruno Kreisky, der Jude, Sozialist und österreichische Bundeskanzler von 1970 bis 1983, durfte noch sagen, daß es drei deutsche Staaten gebe, die BRD, die DDR und Österreich. Heute, so kommt es einem nach der Lektüre österreichischer Zeitungen vor, glauben die meisten Österreicher, daß sie es waren, die Deutschland von Hitler befreiten. Und genau dafür brauchen wir Österreich, genau deshalb ist das kleine Land unser Sehnsuchtsort und wird es noch lange bleiben. Der deutschen Schuld, der deutschen Verantwortung, der deutschen Vergangenheit entkommt man am besten, indem man sich zum Nichtdeutschen erklärt. Schon wieder ein Grund also, um Aufnahme in der Republik Österreich zu bitten.

CONTRA

Bald nur Erinnerung

Niklas Maak

Das, was man heute Österreich nennt, ist bekanntlich durch einen Unfall entstanden: Die afrikanische Kontinentalplatte kollidierte mit der europäischen, die daraufhin in den Erdmantel gedrückt wurde und sich zu einem albernen Gebirge ausbeulte, durch dessen Windungen sich heute kämpfen muß, wer nach Italien, auf die andere Platte, will. Österreich ist die Knautschzone der Kontinente – was vielleicht das sadistische Verhalten gegenüber fremden Autofahrern erklärt. In Österreichs Tunneln wird Europa auf eine Spur verengt, und diese eine Spur sperren die Österreicher gerne einmal, um arglose Familien von ihrem Weg in anständige Mittelmeerländer abzubringen und in üble Bergpensionen zu lotsen; deswegen staute sich der Durchreiseverkehr am vergangenen Wochenende auf einer Gesamtlänge, welche die von Österreich deutlich übertraf. Wer, weil er mit dem Wagen nach Italien fährt, auch dieses Jahr wieder das demütigende Österreich-Ding über sich ergehen lassen muß, wer von einer vielspurigen Betonplatte statt dubioser Tunnel und statt Heurigen von einem genießbaren Wein träumt, für den hält die Erdgeschichte einen Trost bereit: Österreich wird verschwinden, das ist wissenschaftlich bewiesen. Die Alpen hören auf zu wachsen, sie heben sich jährlich nur noch um ein bis zwei Millimeter, und in Zukunft wird das Wachstum schwächer sein als die Erosion. Wind und Wetter werden Österreich abtragen und in einen Graben verwandeln, in den bei einer erneuten Kontinentalplattenkollision der Po hineinfließen wird, und dann wird man mit Motorbooten statt mit Pferdekutschen durch Wien und mit Wasserskiern von Garmisch nach Sirmione fahren können. Nur Mut. Der Stau ist bald vorbei. Es dauert nur noch 100 000 Jahre.

Soll Madonna zurücktreten?

PRO

Papa darf jetzt predigen

Claudius Seidl

Günter Grass zum Beispiel: Der muß nicht zurücktreten. Der stellt Sätze von so brutaler Schlichtheit in die Welt, wie sie die Welt offenbar verdient hat. Was George Bush sagt und was Usama Bin Ladin sagt, das sei im Grunde austauschbar: Sagt Grass. Bravo. Nobelpreis noch mal verdient. Bloß nicht auf Differenzen achten, wo Identitäten viel leichter zu behaupten sind. Bloß nicht unterscheiden: Wer nicht für uns ist, ist gegen uns. Sagt Günter Walker Grass. Nach dem Krieg werden wir Amerika bestrafen. Sagt Günter Hussein. Papa, don't preach, sagt Madonna, und wer heute nicht für sie ist, der war vielleicht gestern für sie oder wird es morgen sein. Madonna ist nicht einfach, und sie ist auch nicht bloß eine. Madonna, das sind viele, und alle sind kompliziert. Madonna hat mit Identitäten immer nur gespielt und aus Differenzen ihre Kraft gezogen. Heute ist Identität eine Waffe und Differenz ein Grund für Kriegserklärungen. Das war's wohl, Madonna! Zeit, endlich zurückzutreten. Einfach eine Yoga-Schule aufmachen in Brentwood oder ein Fitneßstudio in Park Slope. Bißchen ausruhen, mit den Kindern spielen, schon mal einen ersten Satz für den ersten Band der Memoiren ausdenken. Was man halt so tut als Große Alte Dame der Postmoderne. Wenn die Leute das neue Video nicht verstehen: Sollen sie halt »aspekte« gucken oder »Big Brother«. Das ist garantiert absolut frei von Ironie, Doppelbödigkeit, Irritation. Madonna ist sich natürlich keiner persönlichen Schuld bewußt – aber es würde sie ehren, wenn sie die volle Verantwortung übernähme: für die Zustände jener Zeit, als Spaß noch Spaß gemacht hat. Jetzt wird es ernst. Opa predigt schon wieder.

CONTRA

Lauter, bitte!

Johanna Adorján

Dann macht sie halt ein Video, in dem sie den Militärkult parodiert, und dann zieht sie es halt zurück aus irgendwelchen Gründen, na und? Es ändert nichts daran, daß Madonna schon wieder mal ein großartiges Lied gemacht hat: »American Life« heißt es, ist koproduziert von Mirwais Ahmadzai, mit dem sie bereits auf ihrem letzten Album zusammengearbeitet hat, und klingt ungefähr so, als würde man ihren Hit »Music« rückwärts abspielen und im Hintergrund ein Playstation-Spiel laufen lassen. Und manchmal dreht jemand ganz kurz den Ton leise, das sind die spannenden Momente, die Stellen, bevor es wieder richtig losgeht, die Auslassungen im Rhythmus, die dem Ganzen einen lässig-schleppenden Charakter verleihen, als würde jemand tanzen, der sehr müde ist. Madonnas Stimme ist am Computer verfremdet, und daß sie trotzdem gegen die synkopierten Elektro-Beats und sich überlagernden Klangteppiche von Mirwais ankommt, daß sie bei all dem Studiozauber noch als Madonna erkennbar ist, liegt nicht zuletzt am Text. Wie immer geht es um einen Aspekt ihres Lebens, diesmal: Mein Leben als Celebrity. Sie mache doch alles richtig, singt sie, trinke Soya Latte, mache Yoga, sie habe einen Anwalt, einen Manager, einen Agenten, einen Koch, drei Nannies, einen Assistenten, ein Flugzeug, einen Personal Trainer, einen Butler – and a bodyguard or five. Und doch habe sie gerade realisiert, daß nichts ist, wie es scheint. Dem englischen Musikmagazin »Q« sagte Madonna vor kurzem: »Berühmtsein ist Mist. Wer wüßte das besser als ich?« Tatsächlich, wäre sie nicht so verdammt unglaublich berühmt, dann würde die Welt vielleicht wieder verstehen, worum es bei Madonna geht: um perfekt gemachte Popmusik.

Hilft es, miteinander zu sprechen?

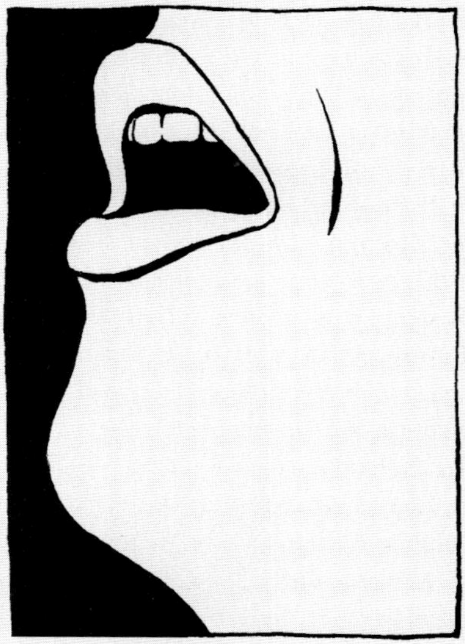

PRO

Der Rest ist Schweigen

Claudius Seidl

Natürlich wäre es wunderbar, wenn sie alle, die Polen und die Spanier, der verblaßte Franzose Chirac und der floskelverliebte deutsche Bundeskanzler, wenn Angela Merkel und Edmund Stoiber und erst recht der Möchtegern-Ironiker Guido »Ernst« Westerwelle und dann gleich noch die Herren Beckmann und Kerner und vielleicht auch Frau Christiansen, wenn sie alle mal für eine Weile die Klappe hielten: Es endlich den Trappisten nachmachten oder wenigstens Harald Schmidt, und die Ausgebranntheit der eigenen Schachtelsätze und Standardformulierungen sich und dem Rest der Welt eingestünden, und zwar am besten sofort, in jener Zeit also, die wir Landsleute von Edmund Stoiber (dem die Bayern-München-Fans sein Geschwafel über Sebastian Deisler so schnell nicht verzeihen werden) allgemein die »stade Zeit« nennen, weil man sich da besinnen soll. Wie sollten aber, wenn alle schwiegen, die Verhandlungen über die Steuerreform zu einem guten Ende kommen? Soll Schröder in Zeichensprache ausdrücken, wie weit seine Kompromißbereitschaft geht? Darf Stoiber dem Kanzler einen Zettel reichen, auf den er ein Strichmännchen mit herausgestreckter Zunge gemalt hat? Muß Westerwelle sein Gesicht weiß schminken und pantomimisch ausdrücken, was ihn bewegt? Wird Frau Merkel die nunmehr jobsuchende Suzana mitbringen, damit die auf ein paar Papptafeln die wesentlichen Pointen der Union vorzeigt? Ja, tausendmal ja! Gesellschaft und Kommunikation sind zwar, wie Niklas Luhmann lehrte, im Grunde dasselbe – aber wenn man wissen will, was eine Sache ist, hilft es, wenn man weiß, was sie nicht ist. Man kann es auch so sagen: Nur wer mindestens eine Woche lang geschwiegen hat, darf mit dem Sprechen beginnen. Miteinander sprechen hilft nämlich. Und an Weihnachten singen alle zusammen ein schönes Lied.

CONTRA

Jenseits vom Reden

Stefan Niggemeier

»Ob es was?«
»Hilft, miteinander zu sprechen.«
»Über?«
»Alles. So überhaupt.«
»Müßte man mal drüber sprechen.«
»Wenn wir jetzt darüber sprächen, ob es hilft, miteinander zu sprechen, würde das was helfen, um zu klären, ob es hilft, miteinander zu sprechen?«
»Ah, knifflig. Wenn nicht, müßten wir ja nicht darüber miteinander sprechen.«
»Bißchen riskant, oder?«
»Stimmt. Wer kommt denn auf solche Fragen?«
»Die Redaktion.«
»Ach.«
»Ja, weil bei diesen ganzen Gipfeln und wo sonst noch Leute miteinander gesprochen haben oder hätten sprechen sollen, aber man weiß halt nicht, ob es was hilft.«
»Verstehe. Habt ihr miteinander gesprochen?«
»Nö, eigentlich nicht. Hätte auch nichts geholfen.«
»Nicht?«
»Nein, wenn es etwas geholfen hätte, hätten wir uns ja auf einen gemeinsamen Standpunkt geeinigt, einen durchdachten, vernünftigen Kompromiß, der allen geholfen hätte, oder so was, aber wir sind hier ja nicht in der Rubrik ›Abgewogene Konsens-Position‹, sondern in der Rubrik ›Pro & Contra‹. Also.«
»Damit die überhaupt zustande kommt, hilft es, nicht miteinander zu sprechen?«
»Exakt.«
»Was läuft'n heute im Fernsehen?«

Brauchen wir das Schumann's?

PRO

Die ewige Vorlust

Volker Weidermann

Es gibt ihn doch, den idealen Ort. Ja, hier auf dieser Welt, Sie lesen recht. Vertrauen Sie mir. Ich weiß es genau. Es ist ein Ort, an dem alles, alles stimmt. Ein Ort des Glücks. Das Paradies. Hier gibt es Getränke wie nirgendwo sonst. Kühles Bier, frisch gezapft, wie man es nur an diesem Orte zapfen kann. Hier gibt es Whisky, wie es nirgends sonst noch Whisky gibt. Mit Eis kann man ihn bekommen. Oder ohne. Hier werden Gespräche geführt, wie sie einmalig sind in der Welt des guten Gesprächs. Intelligent. Witzig. Schnell. Gebildet. Sportlich. Nüchtern. Hart. Pointensicher. Klar und gut. Das sind noch echte Gespräche. Toll. Und manchmal, wenn man richtig lange und oft zu Gast gewesen ist in diesem Paradies, dann kann es sogar sein, daß man einen Tisch zugewiesen bekommt, an dem man sitzen kann. Sitzen! Im Paradies! Und erst die Kellner ... also die Kellner! Sind besser gekleidet als jeder Bürgermeister von Berlin und tragen Namensschilder, auf denen an guten, an richtig guten Tagen sogar ihr wirklicher Name steht. An schlechten sind es falsche Namen, um die Nichtstammgäste zu verwirren und von den Stammgästen zu unterscheiden. Als lustige Paradiesidee. Und man kann Menschen treffen, die genauso stolz darauf sind wie man selbst, daß man jetzt, jetzt gerade am selben Ort ist wie beispielsweise Boris Becker oder Wolf Wondratschek oder Mehmet Scholl. Und das Beste: Wann immer man diesen Ort verläßt, am Morgen, am Abend oder in der Nacht – man ist auf jeden Fall nicht in Berlin. Nein, ich selbst bin noch nicht dagewesen an diesem idealen Ort. Aber es ist ein gutes Gefühl zu wissen, daß es das gibt. Das Paradies. Auch nach dem Umzug immer noch. Das Schumann's. In München.

CONTRA

Der Morgen danach

Nils Minkmar

Als der Morgen schon graute, war meinem Freund noch nach einem weiteren, letzten Getränk im »Schumann's«. Er hatte schon viel und auch ein wenig durcheinander getrunken, so daß das nächste Glas das schwerste war. Da beugte er sich zu einem der erfahrenen, ein wenig verwittert aussehenden Ober und fragte ihn um Rat. Der daraufhin: »Was hast'n gehabt?« Mein Freund rattert die ganze lange Liste herunter, der Ober überlegt ganz kurz und sagt: »Bestell' noch einen Wodka ohne Eis oder ein Pils, und dann ist Schluß.« Ein Beichtvater, ein Pharmazeut, ein Lebensmittelexperte, ein Consultant des guten Lebens – das alles war dieser Ober in diesem Augenblick, ohne es sich anmerken zu lassen. Es war perfekt, wie alles in dieser Bar. Das Essen ist richtiges Essen, die Drinks so vollkommen, daß man sie vergißt, der Saal gemischt und voll, die Gesellschaft lustig und rührend und besonders, sogar die Betrunkenen sind von einer bemerkenswerten Grazie. Man glaubt gar nicht, daß man in München ist, denn die Preise und die respektvolle Offenheit für Fremde sind nahezu von saarländischem Niveau. Im Sommer gibt es eine Terrasse, dann ist es drinnen leer und kühl, man sitzt auf den hochmodernen und zugleich abgewetzten, dunkelbraunen Lederbänken und liest Zeitung, wie aus der Welt gefallen und abgeschieden, dabei doch mittendrin. Draußen hört man noch Vögel singen und Radfahrer vorbeisausen, dann, sehr langsam, füllt sich die Bar, und obwohl man mitten in der Stadt ist, wirkt das Leben leicht und hell wie an einem Tag am Strand. Das ist aber nur eine Illusion. Darum darf man nicht ins »Schumann's« gehen: Das Leben danach fühlt sich an wie die erste Mathearbeit nach den Sommerferien, an einem Regenmorgen um acht Uhr. Bloß viel länger.

Können wir uns Hoffnung noch leisten?

PRO

Mutter aller Spannung

Nils Minkmar

Jeder sadistisch veranlagte Vernehmungsbeamte weiß, daß mit verzweifelten Häftlingen kein Spaß zu haben ist: Die gestehen schmallippig irgendwas und wollen zurück in die Zelle. Erst wenn man ihnen vorspielt, es gäbe echte Wissenslücken in der Ermittlung, sie könnten also tricksen oder gar mitarbeiten, um phantastische Hafterleichterungen zu bekommen, erst dann kommt Schwung in die Vernehmungspsychokiste. Hoffnung hält den Spannungsbogen aufrecht, das wissen vor allem die Berliner Trambahnfahrer. Wenn sie einfach stehenbleiben und sagen würden, daß sie jetzt stehenbleiben, wäre das nicht halb so unterhaltsam wie ihr improvisiertes Ballett aus zwei Meter anfahren, Vollbremsung, wieder vier Meter fahren, wieder bremsen etc. Natürlich bleibt das Resultat gleich: Die Tram bleibt stehen, und alle fahren mit der S-Bahn weiter – aber oh, dieser Blick in den Spiegel zum Fahrgastraum, wenn alle horchen, zögern, hoffen, grübeln, sich endlich einmal ernsthaft mit aller Aufmerksamkeit um Fahrt und Fahrer kümmern, diesen köstlichen Moment inniger Verbundenheit im Zweifel, den gäbe es nicht, gäbe es nicht die verrückte Hoffnung, die Tram möge nun doch noch weiterfahren. Die Hoffnung ist die Quelle der Unterhaltung, gerade auch der Fernsehunterhaltung. Warum sonst würden Millionen Menschen »Wetten daß?« schauen, wenn nicht in der Hoffnung, einer der Korkenbestimmer oder Baggerbalancierer möge sich als nordkoreanischer Agent entpuppen und Loblieder auf Kim Jong-il anstimmen, und die ganze Stuttgarter Schleyer-Halle sänge mit? Und warum täglich Nachrichten schauen, wenn nicht in der Hoffnung, einmal nur möge dieser Satz fallen: »Meine Damen und Herren, ich muß mein Leben ändern, und Sie, glaube ich, auch!«

CONTRA

Ende aller Dinge

Peter Körte

Als das »Prinzip Hoffnung« noch aus drei Suhrkamp-Bänden bestand, die jeder im Bücherregal stehen und die keiner ganz gelesen hatte, da war womöglich noch Hoffnung. Da hieß es apodiktisch, konkrete Hoffnung könne nicht enttäuscht werden, und wer auf die Hoffnung setze, der stünde an der Front des Weltprozesses. Auch wenn der Volksmund schon damals hartnäckig behauptete, daß Hoffen und Harren manchen zum Narren halte. Doch nach seinem Tod bekam der Hoffnungsphilosoph Ernst Bloch auf einmal so viele eifrige Jünger, die ihn gar nicht kannten, daß heute das Prinzip Hoffnung überall gilt: auf dem Arbeitsmarkt und in der Touristikbranche, und wenn man sich einmal durch die jüngsten Nachrichten gegoogelt hat, gilt es auch noch für die Recklinghäuser Trabrennbahn, ganz zu schweigen davon, daß ein Fanclub des VfL Bochum natürlich allen Grund hat, sich »Prinzip Hoffnung« zu nennen. Hoffen tut vor allem, wer schon nicht mehr daran glaubt, daß er wissen könnte, was zu tun sei. Und weil das irgendwie kein schönes Gefühl ist, macht man wenigstens ein Prinzip daraus. Beim Philosophen Bloch war die Hoffnung ja eher ein Antrag auf kurzzeitige Revolutionsvertagung, zumindest aber war sie ohne Handlung und sogenannte objektive Tendenz gar nichts, weshalb sie als philosophisches Prinzip auch weniger galt, als daß sie in Gewißheit zu verwandeln war und sich daher im Grunde selbst abschaffte. Heute heißt es voller Pathos: »Die Hoffnung stirbt zuletzt« – was man wohl so verstehen muß, daß wir alle erst gestorben sein müssen, damit keiner bemerkt, daß es nichts zu hoffen gab. Wenn alle nur noch hoffen, dann bleibt halt nicht mehr viel zu hoffen.

Ist 2004 noch zu retten?

PRO

Ich meine: Hallo?

Johanna Adorján

Doch, doch, das wird noch, das Jahr. Es wird sich alles klären. Himmel, Lage, Laune. Rückblickend werden wir einmal sagen, 2004, was für ein Hammerjahr! Oft merkt man ja erst, wie schön etwas war, wenn es vorbei ist. Das wäre dann also im Januar 2005. Was werden wir uns dann zurücksehnen. Nach diesem schönen Sommer zum Beispiel, in dem die Sonne Tag für Tag für Tag für Tag auf uns herablachte vor lauter Freude über das, was sie da sah – leider waren oft Wolken davor, aber, hey, was zählt, ist der Wille. Oder diese flirrende, mitreißende Grundstimmung, die herrschte, so ganz allgemein. Dieses gute Gefühl, daß alles aufwärtsgeht, alles besser wird, diese wirklich elektrisierende Energie, die das ganze Land auf einmal ergriffen hatte – gut, es war nicht unser Land und es war auch ein anderes Jahr, aber wer wird denn da so kleinlich sein. Überhaupt: 2004 – das Jahr der großen Gefühle! Das Glück in den Gesichtern der jungen Amerikanerinnen, die sich, Daumen hoch, von lieben Kollegen im Irak fotografieren ließen. Die Liebe und Warmherzigkeit, die der jungen Deutschtürkin entgegenschlug, nachdem sie mit ihrem Film die Berlinale gewonnen hatte. Die Leidenschaft, dieses starke innere Glühen, mit der die deutsche Fußballnationalmannschaft alles daransetzte, Glück in der Liebe zu haben. Was für ein großes Jahr, das erste seit Menschengedenken, in dem Leni Riefenstahl nicht lebte. »Der Wixxxer« kam ins Kino; Daniel Küblböck rammte einen Gurkenlaster; David Beckham tätowierte sich den Namen seiner Frau aufs Handgelenk; zum neuen Bundespräsidenten wurde ein Mann gewählt. Und jetzt ist schon Juni, und alle höheren Gebäude stehen noch. Also bitte, was soll die Frage?

CONTRA

Was geht ab?

Claudius Seidl

Mit dem Jahr 2004 kann es schon deshalb nichts mehr werden, weil wir noch lange nicht soweit sind. Jetzt ist es höchstens 1704, weil, wie ein paar Historiker, die sehr zu Unrecht als unseriös gelten, ja längst nachgewiesen haben, mindestens 300 Jahre unserer Zeit die reine Erfindung sind, nachträglich eingefügt vom Papst, von Kaiser Otto III. und von den Byzantinern, die alle gern das Jahr 1000 feiern wollten, obwohl sie doch erst bei 700 waren. Und daß das stimmt, merkt jeder, der sich mit der Geschichte des Mittelalters beschäftigt, die Merowinger, all die Dagoberts und Chlothars – nichts ist geblieben von ihnen, nichts ist passiert damals, und jeder Volontär könnte das bißchen Handlung um 300 Jahre kürzen, ohne daß irgend etwas verlorenginge. Und wenn wir schon dabei sind, gucken wir uns gleich dieses Jahr, egal ob es 1704 oder 2004 heißt, ein bißchen näher an: Man weiß gar nicht, wo man mit dem Kürzen anfangen soll. Die Europameisterschaft wird sofort gestrichen. Dann der Frühling: wegen Irrelevanz. Die Alteuropäer unter uns bestehen darauf, daß Bush und seine Taten gestrichen werden, die Gesinnungsamerikaner wollen von Chirac und Schröder wenig hören, und dann war da noch das Sommerfest des ZDF, das seine Nichtexistenz ganz eindrucksvoll bewies: Es war kein Sommer, es war kein Fest, und das gute fränkische Bier war unerreichbar, weil nämlich Franz Müntefering nah an der Quelle blieb und seine Leibwächter den Weg zum Zapfhahn versperrten, was ein dermaßen unrealistischer Anblick war, daß man Münte auch gleich streichen kann und die SPD gleich mit und die CDU auch und Westerwelle sowieso, und dann machen wir einen Mittagsschlaf, und wenn wir aufwachen, ist es 2005. Oder so.

Der Herausgeber
Die Autoren

Claudius Seidl
1959 in Würzburg geboren, hat in München studiert, als Redakteur und Filmkritiker gearbeitet und Bücher über Billy Wilder, das deutsche Kino, Uschi Obermaier und die barbarische Stadt Berlin geschrieben. Er ist Feuilletonchef der Frankfurter Allgemeinen Sonntagszeitung.

Johanna Adorjan
ist Redakteurin im Feuilleton der Frankfurter Allgemeinen Sonntagszeitung.

Georg Diez
ist Autor und Kolumnist der Frankfurter Allgemeinen Sonntagszeitung.

Amelie von Heydebreck
ist Herausgeberin des Kunstmagazins »Monopol«.

Peter Körte
ist Redakteur im Feuilleton der Frankfurter Allgemeinen Sonntagszeitung.

Niklas Maak
ist Feuilletonredakteur der Frankfurter Allgemeinen Zeitung.

Nils Minkmar
ist Redakteur im Feuilleton der Frankfurter Allgemeinen Sonntagszeitung.

Stefan Niggemeier
ist der Medienredakteur der Frankfurter Allgemeinen Sonntagszeitung.

Hannah Pilarczyk
ist freie Autorin.

Peter Richter
ist Autor und Kolumnist der Frankfurter Allgemeinen Sonntagszeitung.

Harald Staun
ist Autor der Frankfurter Allgemeinen Sonntagszeitung.

Cornelius Tittel
ist Redakteur der »Tageszeitung«.

Volker Weidermann
ist Literaturchef der Frankfurter Allgemeinen Sonntagszeitung.

Joseph von Westphalen
ist Schriftsteller.

Anne Zielke
ist Schriftstellerin.

Die Texte sind als Kolumne im Feuilleton der Frankfurter Allgemeinen Sonntagszeitung erschienen.